U0927791

台湾郜妈育儿新经 ①

巧妈咪NEW一下

郜 莹 著

二十一世纪出版社集团
21st Century Publishing Group

图书在版编目（CIP）数据

巧妈咪NEW一下 / 郜莹著. -- 南昌 : 二十一世纪出版社集团, 2015.5
ISBN 978-7-5568-0696-6

Ⅰ. ①巧… Ⅱ. ①郜… Ⅲ. ①儿童教育－家庭教育－通俗读物 Ⅳ. ①G78-49

中国版本图书馆CIP数据核字(2015)第076431号

巧妈咪NEW一下 / 郜 莹 著

责任编辑 凌 云
美术编辑 徐 泓
封面设计 小棉袄
出版发行 二十一世纪出版社集团（江西省南昌市子安路75号 330009）
www.21cccc.com cc21@163.net
出 版 人 张秋林
经　　销 新华书店
印　　刷 南昌市红星印刷有限公司
版　　次 2009年1月第1版
2015年5月第2版
印　　次 2015年5月第1次印刷
开　　本 889mm × 1280mm 1 / 32
印　　张 7.75
书　　号 ISBN 978-7-5568-0696-6
定　　价 20.00元

赣版权登字-04-2015-251

目 录

第二章　养好孩子很简单

第三章　赢家小孩在我家

推荐序

郜妈的私房绝活儿

没想到郜妈会找我来写推荐序，因为一来我不是大牌写手，二来我只是个新手妈妈，我在仿着古代诗人“僧‘推’月下门”还是“僧‘敲’月下门”时拔了几根头上新生的白发后，琢磨出了两个重要因素——

1. 我是郜妈的铁杆“粉丝”，总是第一个抢坐“沙发”读到她博客新文的人。她的每一篇文章我不仅都拜读过，而且在深感受益下身体力行于处理自家的亲子教养上，还不吝向许多新手妈妈们推荐。

2. 我比许多郜妈的“粉丝”有一个更大的优势，就是我因工作之便，能有机会很幸运地近距离与郜妈接触，观察领略郜妈的言传身教。

因此不论是谈郜妈的文章或是郜妈这个人，我应该都能说出些道道来吧？

先从我对郜妈这人的观察说起——

第一次见到郜妈，着实大大“惊艳”了一番，郜妈的美貌自是不用说的（比照片上好看很多啦），其装扮也是既优雅又时尚，言谈举止上处处散发出青春的光芒和活力，如果不是知道她的“丰功伟绩”，我无论如何不能相信，这是一位养育了两个孩子长大的“资深”妈妈。后经多次接触又发现，郜妈从外表到内心，都年轻得让人惊叹。

像以郜妈“一把”年纪和学文出身，能对电脑和网络超级发烧，实属少见；而她那一学就会、一点就通的悟性，更是让人叹服。郜妈的写博经验，从菜鸟到重量级选手，进步神速，无论是文字编辑还是图片处理，以及让港台网友头疼的繁简体转换等，都能轻松搞定。

郜妈还比许多港台作家，甚至长居大陆地区的外籍人士多个“强项”，就是极了解和擅长使用大陆内地各省的“习惯用语”，“语言转换能力”甚至远超过我们大陆地区的“内地人”。

而据郜妈说，她之所以能具有这“特异功能”，一是源自她曾游历过全中国所有的省份和自治区；二是她是个大陆电视连续剧的“发烧友”，经常将自己“种植”在电视机前；三是她大量阅读大陆的报章杂志书籍；四是她不会不懂装懂，而是敢于“不耻”请问；五是她是个以跟贩夫走卒聊天为乐的“长舌妇”；六是为了便于乔装成当地人，以不被当“憨包”宰；七是她认为最重要的是——她永远把自己视作个“小学生”，努力学习天天向上……

郜妈所表现出超级热爱生命与享受生活的言行，也让她成为我们办公室里最受欢迎的访客之一，因为每次她的到来，都会带给大家无限的惊艳和惊诧：

“什么，这是植物的种子？”

“哇，超可爱！真的是用北京的老玩意改装的？”

“咦，这家蛋糕店在公司旁边开了好多年，我也经常去那里买面包蛋糕，但居然从不知道这家店竟有好吃的奶酪蛋糕，郜妈你是如何发现的？”

郜妈的穿着打扮也常成为我们关心的重点，因为深谙保养与化妆之术及服装搭配等时尚窍门的她，经常是用最少的花费却能达到最佳的效果。

郜妈将这些“发现不一样”让自己“变得不一样”，归功于——多利用公共交通工具，以及擅长使用最能替地球抗暖费尽心力的“走路”，去深入体验生活发掘生活、以及永远保持着一颗如孩童般充满好奇与探索的心去感受生活。

这或许也就是郜妈她之所以能永葆心灵与外表青春的秘方。

再来谈谈郜妈的写作态度。

郜妈像一只勤奋的小蜜蜂，即便工作十分忙碌，但自在新浪开博以来，一直坚持一周三篇定时更新博客。有时她身在外地，不方便上网，就会提前发来邮件请我代为操作。

还有，郜妈和其他知名博主不同的是，她经常和网友作交流，每在博客上发表一篇文章，都会去留意网友的评论和反馈，并且热心去提供一些建议给妈妈们作参考。

她在工作、待人上认真执著、精益求精与热心助人的个性，可以说在她写博客这件事上表露无疑，这应该也就是她的博客之所以会获得许多网上妈妈们广泛关注和好评之主因吧。

另外，根据我这“粉丝”的体察理解，郜妈育儿的观点看起来挺“另类”，但却往往能给妈妈们不少深刻启发的原因有四——

一是郜妈很“幸运”，能生养两个性别与个性全然不同的“产品”，具有丰厚的育儿“实验”基础。

二是郜妈“不知耻”，敢于将自己或成功或失败的育儿经验通通给你“报报”。

三是郜妈“不说教”，常会站在妈妈们的角度、理解妈妈们的难处来说事，让妈妈们能产生共鸣。

四是郜妈的“爱说笑”，她的文笔轻松诙谐，让人能于“寓教于乐”中轻松得到启迪。

由于工作所需，我必须大量接触网友妈妈，在与这些妈妈们的互动中，感觉到有非常多的妈妈，其中也包括我自己，在育儿的问题上总是充满了焦虑。

因为每家都是一个子女，都想要给这“唯一”的孩子最好的养育。但是，很多时候我们自认为的“爱”，往往成了溺爱或者是伤害。

郜妈新书第一章《不要让“爱”成为“碍”》，就一针见血地指出了育儿过程中很多爱的误区，看后会有醍醐灌顶之感。

目前市面上充斥着许多所谓“成功育儿方法和策略”，其难度之高常让新妈妈们望而生畏，产生培养孩子如同登天的压力。但郜妈在第二章的《养好孩子很简单》中却以过来人“老鸟妈妈”的观点鼓励“新鸟妈妈”们，父母只需做好“陪伴者”，放手让孩子去学习为自己的人生做主，“养好孩子自然变得很简单”。

《赢家小孩在我家》这一章，是郜妈关于教育的感悟。郜妈自己的一对儿女，身心健康且全面发展，在学业上也很成功。怎样挖掘孩子内在的天性，怎样让孩子学好数学、学好英文、爱上阅读和科学，这些让妈妈们头疼的问题，在郜妈轻松的文字中，就能找到答案，受到启发。

第四章的《和“第三者”一起教管好孩子》更是深获我和其他“想做好妈妈也同时想做好自己”的妈妈心。为此郜妈提供了既能实现自身成就又可以不怠慢孩子教养发展的秘诀。

面对当今一些妈妈只生不养的观念，郜妈提出：“再忙，也要陪孩子长大”，认为“爱是最好的教育”。

在第五章里，郜妈用温柔的笔触，来跟妈妈们分享许多发生在家庭里“爱的成长故事”。

实际上，许多妈妈都是在“做了妈妈之后才开始学习如何做妈妈”。因此，在养育孩子的同时，其实也是父母自我成长的时机。

愿我们都能成为和郜妈一样的智慧女人和智慧妈妈。

懒妈友童（新浪百万人气名博主）

自序

做妈妈，也做自己

1988年1月的某天早上，女儿起床后就跟我抱怨左脚踝疼，哭闹着不肯去幼儿园，我因为恰逢为赶过年期间存盘电视节目特别忙碌，就不耐烦地对她吼：

“肯定又是你昨晚在沙发上跳来跳去扭着了，晚上再带你去看医生，你现在还是得去上学。”

当晚领她去看医生，由于我在跟医生述说女儿的病症时，加了自己的揣测：“女儿可能是跳沙发时扭伤了。”因此医生就以扭伤的来作处理，做了固定包扎，给了消炎药，让我们三天后再回诊。

再度回诊，当医生拆开绷带，看到女儿既红且肿的脚踝时，露出大吃一惊的表情，立刻开了单子要我们领她去抽血作化验。

化验单出来时，化验师轻喊了一声：

“哎哟，白血球有一万多呢！”

没有医学知识的丈夫和我，虽不明白“白血球一万多”象征的含意，但听到化验师惊异的语气，也意识到女儿这腿可能伤得不轻，就惶惶然地拿着检验单转去问医生。但医生只是把眉毛紧了紧，又把女儿的腿用绷带固定住，再开了三天药，就打发我们回去了。

回诊后第二天，女儿开始不肯下床走路，白天黑夜不时地哭喊腿疼，也不肯吃东西，最后甚至将屎尿拉在床上，因为我们搬动她去如厕，她都会疼得嘴里“嘶嘶”地抽着气。

我意识到女儿的腿疼不是单纯的扭伤，便赶紧给因采访认识的台大医院的陈维昭院长打电话。陈院长在听了我的述说后，要我次日带女儿去医院，他找小儿骨科黄大夫一起来会诊。

当两位大夫拆掉女儿腿上的绷带，看到女儿红肿得足足是右腿两倍的左腿时，脸色变得十分凝重，取来一根针，往女儿腿上一插，黄黄稠稠的脓就像喷泉似的冒得老高。

两位大夫用专业术语低声地讨论了一番后，陈维昭院长要我立刻去办理住院手续，同时开单子让我带女儿去做一个“骨髓断层扫描”。

黄昏时，黄大夫走进女儿的病房跟我说，经由“骨髓断层扫描”后，确诊女儿得的是“急性骨髓炎”，必须立刻进行手术，否则会有生命危险。

当女儿从手术室被推出来渐渐恢复意识之际，她不断发出哭喊、呻吟：

“妈妈，救命！”

我抱着女儿，心如刀割、泪如雨下，心中充满了对上苍的愤怒与责怪：

“为什么是我？！为什么总是要我遇到如此不幸的事？！”

因为，我自认为从没做过什么伤天害理之事，只想老实本分地嫁个平凡丈夫、生下儿女，安安稳稳过日子，却在生命中屡屡遭受到旁人可能一辈子都不会经历的“倒霉事”——

10岁遭逢姐姐的猝死；22岁已论及婚嫁的男友车祸过世；26岁结婚后不到一个月，丈夫车祸；28岁生下儿子半年，丈夫再度发生车祸，伤及胸骨，折断的胸骨差两公分就要刺入心脏；30岁一家四口开车出游，在高速公路上被一辆油罐车追撞，几乎全家命丧黄泉；34岁女儿又莫名其妙地得了这种几乎要夺去她的生命，也很可能会留下后遗症——长短腿或演变成慢性骨髓炎的疾病。

“为什么倒霉的总是我？”

在陪伴女儿住院治疗的四十多天中，我不时对苍天发出怨恨的责问。

一些以往从未去思考过的问题渐渐地跳入脑海——

我对目前的生活状态和自我满意吗？

我对孩子和家庭的付出，是否真的能做到“无怨无悔”？是否会到老来时，向丈夫、孩子追讨“花费在他们身上”的时间和心力，成为一个认为“全部人都欠我、该还我”、可怕又可嫌的老太太呢？

我是不是曾经有说过想过：“只要等到孩子大了、我的存款有一定的数目了、我退休了……我就可以海阔天空地去做自己想要做的事，去完成一些梦想了。”

如果我哪一天“倒霉”，没法在我完成自己想要做的事之前就死了，我是否肯甘心地闭上眼睛呢？

我发现我无法对所有为家庭、孩子做出的事无怨无悔；我也有自己想要追逐完成的“梦想”；我更不愿和害怕将来成为一个让丈夫、孩子避之唯恐不及，充满怨恨、不满的老太婆……

我想要在爱孩子爱家庭的同时，也能做一个“爱自己”的女人。

在“诚实”检视了自己内心有太多属于“凡人”必有的“害怕”与“不甘”后，我作出了异于一般母亲为怕失去儿女，而更加紧紧守护在儿女身旁的决定，不再将儿女视作生命与生活中的第一与唯一，开始去用心思索，如何可以“既能做妈妈、妻子，也能同时做自己”。

恰在此时，儿子女儿的学校让他们画一张“母亲的画像”，来作为母亲节的礼物。

儿子画的是一个烫着卷卷短发、圆圆面孔上漾着慈蔼笑容，穿着紫色旗袍的母亲；女儿画的则是一个蓄着飘然长发，穿着粉红纱衣裙，足踩三寸高跟鞋，十指涂着红蔻丹的妈妈。

这两个妈妈都不是我，而是他们心目中想要的“母亲形象”。

也就是说，如果我顺着儿子心目中的“母亲形象”去走，就会逆了女儿的心意；若是顺了女儿，就无法得到儿子的满意。

既然无法两全，我干脆就做我自己认为最能“做得好”，并且在儿女心目中有“不可取代地位”的母亲。

朝着这个思维方向走下去，我发现首先需更改的是，要推翻中国妈妈育儿的一些传统观念和做法，学习如何“用心不用力”地去做母亲。

也就是说，学习将主要的心力、很紧凑的时间，用在如何去“专心”陪伴、观察、引导孩子；避免去做一些只是为求“做了心安”，但对孩子未必有多大好处，甚至把孩子给“养废”了的事。

为了让没有任何教育学与心理学背景的自己，能够在极短的时间内“大补”到一些新的教育理念，我利用工作之便，争取到在广播电台主持一个亲子节目。

我在每集设计了一个亲子教养沟通的主题，邀请一些经常有跟孩子打交道的“实务经验”的专家，针对这个主题分享“个案实例”的教育理念；并让听众打电话提问，为他们提供一些可供“参考”的教育方法（注意我用的是“参考”，而不是“照着做”）。

这个节目我整整制作、主持了五年，接着又去电视台主持了一年多的亲子节目。

在制作、主持这六年多的亲子节目中，我收获最大的，不仅是教育子女观念的新启发和一些务实的教育方法，更多的是我看到了“天下的孩子都是一样的”，他们都会犯同样的错误，都会有不完美之处，也都会有各种不同的“美质”，而后来决定他们成为“好孩子”还是“坏孩子”，全然取决于父母教养的观念和方式是否“对路”。

回首来时路，我很感谢上帝给我那些猛烈一击的人生“淬炼”，让我能有机会去诚实面对“真我”，并从淬炼中学会反省思考，不惧怕革新改变，给了自己与孩子“把自己做好”的能力和机会。

我在抚养孩子的这二十多年中，不仅在各种不同工作领域——电视、广播、写作上获得各种奖项，并且完成独自一人走访完大陆54 个少数民族、黄河中下游、分布于 15 省 19 个城市 88 所大学的“梦想”。

目前，我的儿子已经 34 岁，自美国 Prett 艺术学院建筑硕士研究所毕业后，目前在上海工作；女儿 31 岁，从上海中医药大学毕业，拿到营养师与中医师执照，又在美国纽约取得执照并在纽约工作。

他俩虽然没有读哈佛、北大，但身心健康，自信开朗，清楚自己人生的方向；生活能够独立自理，不让人挂心，与同学朋友工作伙伴们也相处和睦。从小至今，师长长官同事们提到他俩时都会竖起大拇指。虽不是 IQ（智商）尖子，在 EQ（情商）、AQ（忍受挫折能力）表现上也不敢说数一，但肯定是数二、数三的“有用”人。

这样“平常”却又自有其“不凡”美质的孩子，不正是大多数父母期待的吗？

因此，我愿意将自己与孩子一起成长的过程，献给——

想做好妈妈，同时也想做好自己的你。

第一章
不要让“爱”成为“碍”

“既然结了婚生了孩子，就该一心一意地为家庭和孩子付出”这句话，如同一句魔咒，捆绑着所有中国母亲的身心，让许许多多因为不同因素，不得不“弃子不顾”去工作的妈妈们，总是怀着对孩子深深的愧疚。

这种因觉得“对不起孩子”而生出的补偿心理，往往也就成了“娇惯孩子”的最好借口。

1 和子女打一场“溺爱战争”

郜妈爱说笑

小华写完了一百遍的“我既懒惰又顽皮”后，把作业本拿给父亲：

“老师说，你要在上面签名。”

“为什么要我签名？”

“老师说，我会‘既懒惰又顽皮’，都是你和妈宠出来的，所以要你们签名认错。”

郜妈侃一侃

在全球各地的大都会里，目前有一种“病毒”正在对孩子发动致命的攻击，他的感染源只附着在父母和亲人长辈身上，被侵袭后的孩子所产生的最严重的病状是——杀母弑父！

如同瘟疫传染般，中国各地发生多起少年杀亲事件。

然而跟其他杀人事件不同的是，凶手孩子却有别于其他杀人犯，其泯灭人性的兽行，受到社会大众一致的指责，被弑的父母不仅未得到该有的同情,反而背负上“养不教,父母之过”的罪名。

许多报道的焦点，都集中在批评父母只顾忙于生计，而疏于“亲职教育”，才会造成如此家庭悲剧，将杀母弑父的孩子，视为被同情的无辜者。

对于父母为养家糊口的辛苦奔忙，孩子不仅不能心存体贴，主动去予以分担，反而以此作为仇恨的借口，让人真不由得要心生感叹——

做父母的究竟做错了什么？！

在美国也有相同的“病例”发生——

有位名叫“罗讷德·奥帕斯”年近四十岁的男子，从十一楼顶跳下自杀。

在往下跌落“途经”九楼时，被一颗从窗户里所射出的猎枪子弹击中，当场死亡。

射出子弹的屋子里住着一对七十开外的老夫妇，当时老两口正在吵架，老头在情绪激动下，抄起猎枪对着老太太抠动了扳机。然而没长眼睛的子弹，并没有打中他的妻子，却穿过窗户正巧击中了“落”下的奥帕斯。

面对谋杀罪的指控，老两口口径一致地说——他们谁也不知道猎枪里装有火药！

因为多年以来，老两口吵架的“谢幕动作”，都是老头用没有装子弹的空猎枪来“砰”妻子。这次这把“道具”枪，竟然会发生如此“走火”的演出，也让老两口大感吃惊。所以那颗射出的子弹，百分之百应是被旁人给装上的。

警方经过一番追查，找到了一位住在老夫妇家对面大楼的目击者，这人说他曾亲眼看见老夫妇的儿子，在事发大约六周前往猎枪里装了火药。

老夫妇的儿子为何会在猎枪内装上弹药？

经过一番抽丝剥茧的探究，发现起因是老太太突然中断了对儿子的经济资助，让已习惯长期“靠母亲包养”的儿子，在顿失经济支持下，不由得心生怨恨，于是企图利用父亲爱用猎枪吓唬母亲的习惯，想借父亲之手来杀死母亲。

谁知案件至此有了非常戏剧性的发展——

这对老夫妻的儿子，正是这位从高楼上跳下被猎枪击中的“罗讷德·奥帕斯”！

“罗讷德·奥帕斯”发现经常爱以吵架来“沟通”的父母，竟然足足有一个多月，维持着“夫友妻恭”的平静状态，这让他谋杀母亲的企图，迟迟不能得以实现，他因此颇感失望，所以想“一死百了”地跳楼自杀，未料却被自己填装的猎枪子弹击中致死。

而按照美国法律，某人试图谋杀 A，却杀死了 B，则按谋杀 B 罪论处。也就是说，“罗讷德·奥帕斯”原本是要谋杀母亲，但却“自作自受”地谋杀了自己！

早已过了“而立”之年，按照常理应该已成家立业，甚至应担负起照养父母之责的孩子，不仅视靠父母的“经济资助”为当然，在被停止“金援”后，竟然还会“没心没肝”地设计杀害父母！真令人惊疑生叹——

做父母的究竟做错了什么？！

再将镜头转到台湾——

住家附近有一个生意很不错的小面店，夫妇俩见专科刚毕业的儿子在服完兵役回来后，没找到什么好工作，就建议他利用面店早上不做生意的时候来卖早餐。

但儿子却嫌老面店装潢不够雅致，不想开这样没有格调的店。老爸老妈只好掏出老本为儿子另外顶下了一间店面。

孩子大手笔地花了五十万元去装潢那十平方米的店面，却在开店不到三个月，他却大叹“赚这钱太辛苦了，每天四点钟前要起床”，不愿再为那“五斗米”折腰而闹着要收店。

“大人”舍不得装备全都泡汤，便清晨早起替孩子卖早餐，中午到晚上还要煮面卖。因为工作过度，老父差点过劳死，只好忍痛收掉。

谁知孩子不仅不感谢父母“劬我劳我”之辛苦，反而嫌父母：“死脑筋，只会赚这种守着店面等客人上门的劳力钱！”

他说想要做比较自由的工作，比如开出租车。“大人”如同奉了圣旨，连忙屁颠屁颠地去买了一部孩子指名要的够格调的车给孩子当出租车来使。

但孩子开着车在街上乱窜了半年，不仅没有任何进账，反而在等客排班时，和“前辈”们学会了赌牌。赌赢时，觉得“赚到了”就不去载客；赌输了，则因为“心情黑暗”不想载客，最后还把车子也给输掉了。

夫妻俩看着儿子变得如此的“不成才”，难过得“眼睛直下雨”，心里百思不得其解：

“我们以前日子过得很辛苦，孩子小时也跟着吃了不少苦，所以我们只想在做得动的时候，拼命多做一些，帮孩子多存下一点钱，让他多读点书，帮他在事业上铺路，只想让他能过得好一点，但他怎么会变成这样呢？”

只不过是想“帮孩子一把”，所以千方百计地为他设想未来，希望能帮孩子“省下十年、二十年的辛苦打拼”，谁知竟会养育出如此只会“啃”亲的孩子，让人又不由得要心生感叹——

做父母的究竟做错了什么？！

忍不住对“八年级生”的女儿吐嘈——

只有你们这些年轻未婚无子的“八、九年级生”，才会做出“只问父母为我做了什么，从不问自己为父母做了什么”，自私自利、不知道“责任感”究竟是什么，对自己的一切都很讲究，但对别人的任何感受却麻木不仁的事。

女儿却两眼一翻说：“自私自利、没责任感的孩子，不也是被你们这些父母给培养出来的吗？”

郜妈老实招

将课业学习、人际关系的处理等，凡是属于孩子“自己”的事，“狠心”交由他们自己去跌撞摸索与学习决定，不着急去“帮他们一把”，甚至替他们挨打。

只需给孩子设定一些规矩——

如不准不认真专心、半途而废，不要做伤害和妨碍到旁人权益的事。

给他们一个学习“做好孩子”的机会。

2 “公主症”、“王子病”大流行

郜妈爱说笑

一位英国绅士与法国女人同坐一个火车包厢，法国女人想色诱这个英国人，就在脱衣躺下后抱怨身上发冷。

英国绅士把自己的被子给了她，但她还是不停地说冷。

“我还能怎么帮助你呢？”英国绅士沮丧地问道。

“我小时候喊冷时，妈妈总是抱着我，用自己的身体给我取暖。”

“小姐，这我就爱莫能助了。”英国绅士显出无奈的表情说，“我总不能跳下火车去找你的妈妈吧？”

郜妈侃一侃

都已过“不惑”之年的几个老妈，聚在一起喝咖啡聊是非，谈来扯去之间，话题就转到了各家的孩子。

“你家的‘模范生’最近怎样？要毕业了吧？”

王妈妈问家有台大医科生的林妈妈。

“哎，是啊是啊！”

以前一提起这个在当年考上第一志愿台大医学院，爷爷奶奶高兴得大放鞭炮、“办桌”宴请左邻右舍的儿子，就满脸飞金，像个开闸的水库般滔滔不绝讲个没完的林妈妈，这次却一反常态地“惜字如金”，真让人觉得有点奇怪。

不过还来不及一探究竟，注意力就被有“路透社之‘发’”的颜妈妈所“爆”出的一个“新新闻”给吸引过去了——

“知道现在台湾的年轻女性，最容易感染的疾病是什么吗？”

“艾滋吧？现在年轻女孩随便得很。”

“厌食症吧？年轻女孩都怕胖。”

“抑郁症吧？听说现在年轻孩子得这病的很多。”

……

大家七嘴八舌地猜，颜妈妈的头则拨浪鼓似的摇，脸上“就知道你们肯定猜不着”的得意神色越来越浓。

最后，她在脸开成像一朵喇叭花时揭开谜底——

“是‘公主病’！”

“什么嘛，是学‘陈公主’的妆扮吗？”

“拜托，什么人不好学，要去学‘陈公主’？真是头壳‘派’（坏）去！”

听到这，大陆朋友一定觉得“雾沙沙”，“陈公主”究竟是什么人？好像是个不太受人欢迎的角色。

嘘，请附耳过来——

“陈公主”就是台湾前领导陈水扁的女儿啦！

“不是指学‘陈公主’的穿着打扮，而是跟‘陈公主’一模一样，自认为家里有权或有钱，或自认为外表长得还不错，就脾气娇纵、缺乏责任感、动不动就要人哄的女生啦！”

“喔！那我家女儿好像也有这个病耶！”

“嗯！我家那丫头，似乎也有‘偶发症’。”

“真是莫名其妙，我们的‘家教’，可是比‘陈公主’家高明得多了，孩子怎么也会跟‘陈公主’有一模一样的毛病？！”

孩子有“公主病症”的妈妈们都愤愤不平，幸好颜妈妈适时说了一句“成语”：

“哎呀，这就叫做‘上行下效’啊！”

“对喔！”

妈妈们都觉得很开心，因为除了总算弄懂了一个古人说的“成语”外，还找到了一个推卸责任的理由。

正当众妈妈们欢喜不迭“不是我的错”时，黄妈妈突然一拍桌子大喊一声：

“我说呢！”

几双瞪得圆圆的眼睛都盯着黄妈妈，等着她说下一句。

“怪不得我家那在服兵役的儿子，吵着要我们买辆名牌跑车给他开着去军营，原来是效法‘陈王子’开名牌跑车去军营啊！”

“原来我家儿子当完兵，不肯去找事赚钱养自己，闹着要我们掏老本给他出国留学，也是‘上行下效’陈王子的啊！”

大家真欢喜，居然“三个臭皮匠凑成一个诸葛亮”地又给找出来了一些印证“上行下效”的实例。

林妈妈也被大家感染得“high”（情绪激动）起来：

“那我家儿子一而再地延迟毕业，也是‘上行下效’陈王子的吗？”

“咦？！”

唧唧喳喳的几张妈妈嘴，一下子全都跟眼睛一样，张得圆圆的了。

“你家‘模范生’一直毕不了业？”

恨不得把自己的舌头给咬掉的林妈妈，涨红着脸，结结巴巴地解释：

“哎呀，他们台大有很多学生，都是这样的啦，说是现在时机坏坏，出去也找不到什么像样的工作，不如干脆推迟毕业一两年再说，反正家里也不是供不起。”

“对呀，对呀，我儿子他一个已经读了七年高校，还打算继续‘延毕’下去的学兄也这么跟他说，我听了立刻警告我儿子，可不准‘上行下效’！”

王妈妈觉得自己居然能如此巧妙地将“上行下效”嵌进她的谈话中，得意得笑眯了眼，未料颜妈妈却一棒子夯下来：

“小心‘上有政策下有对策’，你不准儿子用‘延毕’来拒绝长大，他会使上现在孩子的另一‘高’招——考研究所。”

“难怪呢，我说现在要考研究所的孩子怎么变得这么多，还以为是他们‘求上进’呢！”

“我家楼下有一对兄弟，都娶老婆生小孩了，一个还在台湾‘读研究所’，一个则出国‘游’学，学费和安家费理直气壮地都是伸手向父母要。”

……

负面的例子越牵越多，每个妈妈的脸都变得黑黑的，齐声叹大气——

唉！会养出这样“脑残”的孩子,也是因为我们对孩子太“上行下‘孝’”造成的啊！

据说这种“公主症”和“啃老病”，已经以千军万马之势，从台湾越海而来！

郜妈老实招

人都有追求省心省事、逃避劳苦的本能，当意识到没人肯替他负责让他倚靠时，自会全神贯注地关心自身的问题。

因此，若不想让孩子丧失自我警觉的能力与为自己的所做所为负责的本能的话，父母就要早早学会做“甩手父母”。

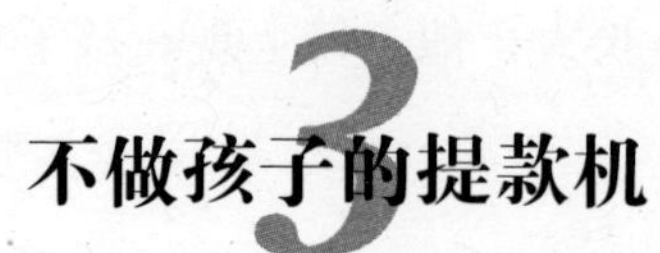

3 不做孩子的提款机

郜妈爱说笑

张伟打电话给王强："我想向你借50万元。"

王强回答："我听不清！"

张伟放大声："我想向你借50万元！"

王强也大声回道："我还是听不清楚！"

张伟嘶哑地喊："我想向你借50万元！！！"

王强说："奇怪，我这电话好像坏了，怎么老听不清？"就把电话给挂了！

王强对面的同事说："你朋友说要向你借50万，连我都听见了，你怎么会听不清呢？"

王强说："你听得清楚，那你借给他！"

郜妈侃一侃

2002年女儿在上海读高校时，为了不想让她表现得太过"出格"，手机替她买的是最便宜的；她"十一"长假想去北京玩时，也叮咛她找要返北京的同学乘火车“硬卧”。

结果她寒假回台湾，气呼呼地直怪我让她丢脸：

“我的内地同学几乎每个人用的手机款式都比我的新；来回北京时，他们坐的是‘飞机’！”

我认为女儿夸大其词，因为上海——北京双飞的机票，即便是打了折扣，也得一千多人民币，而当时在北京社科院任职的朋友，一个月的工资也不过两千多元而已。

后来，有机会跟一些父母聊天，才惊讶得知，除了极少数家境特别贫困的孩子外，中国孩子每月的花销，几乎是家中支出的三分之二。父母多半是捡孩子淘汰的旧手机在用。

麦当劳刚在中国大陆开店时，经常看到的是父母帮孩子叫一份汉堡或薯条、可乐，然后在一旁满面笑容地看着他们吃独食。

台湾的情形也是如此。

在银行当经理的谢爸爸，在女儿高校毕业后，安排她进到另一家银行工作。

女儿上班后吃住都还是靠父母供给，薪水则拿来买名牌服饰和出国旅游。

结果某天谢爸爸看到女儿信用卡的账单，发现她竟然欠了银行二十万元台币！

谢爸爸在训了女儿一顿后，帮女儿还了这笔卡债，以为女儿经此教训，应该会省着点花钱了吧！

谁知不到几天，他女儿又拿来五张欠债总额达一百多万元的信用卡账单要他代还债！谢爸爸当场被气得血压飙到二百。

曾因“看不惯”一些年轻朋友花起钱来大手大脚，就多管闲事地劝告他们省点花，要知道父母赚钱不容易，谁知他们翻着白眼向我呛声：

“谁要爸妈打从小时起，就培养我要用好吃好的习惯啊？只好继续养下去呗！”

我在被呛得心惊胆战之余，想起曾看过美国石油大亨洛克菲勒的教子之道——

身为世界上拥有最多财产的人之一的洛克菲勒，他应该是最有资格在物质上“宠孩子”的，但这大富翁却对孩子抠门极了！

他孩子的零用钱是七至八岁，每周三十美分；十一岁至十二岁，每周一美元；十二岁以上，每周三美元。

他还要求子女们得做出预算并记清每一笔支出的用途，待下次领钱时交由他来检查，若账目清楚、用途正当，下周会增发五美分，反之则减。

连拥有让孩子几辈子都花不完财富的洛克菲勒，都不让孩子从小养成乱花费的习惯，我们有什么资格去宠坏孩子呢？

郜妈老实招

不要把所有的都给孩子。

4 不做“孝子孝女”

郜妈爱说笑

深夜，有个女人招手上了出租车。

车开了没多久，女人拿出一个苹果给开车师傅说：“这个苹果送你！”

师傅道了声谢，那女人突然幽幽地叹口气说：

“我‘生前’，妈妈常削苹果给我吃的呀……”

师傅一听，吓得面色泛白紧急一踩刹车！

正要拉开车门准备逃命时，那女人把头伸到前座说：

“但自从我生了小孩后，就变成我削苹果给孩子吃了！”

郜妈侃一侃

几个婆婆妈妈在家聚会，做主人的我避开小朋友，取出一盒哈根达斯冰淇淋说：“快快，趁小鬼们不在，我们赶紧吃些私房点心。”

刘妈妈说：“哎哟，还是把孩子们叫过来一起吃吧！”

王婆婆说：“我吃冷的牙就犯疼，我的那份留给我孙子吧！”

我不依：“拜托，这哈根达斯冰淇淋很贵的耶！这样的好东西给小鬼们吃，可是乌龟吃大麦、猪八戒吃人参果，糟蹋粮食！”

王婆婆却说：“谁说小孩吃不出来东西好坏的？像我那个孙子，吃到一般般店家做的蛋糕，眉毛就会皱起来，再也不肯张嘴吃第二口！”

我快嘴快舌地说：“哎呀王婆婆，你有没有想过，孩子才这么小嘴巴就养得这样刁，将来如果有本事，一辈子能吃香喝辣的就算了，万一没本事赚那么多钱养他那张嘴呢？”

王婆婆被问得愣住了，脸上显出尴尬的神色。

钱妈妈赶紧打圆场说：“哪个做父母长辈的，不是情愿抠下自己嘴里的，也得给孩子吃好用好的！”然后将话锋一转，“吃吃吃，我们每个人都来上一点，尝尝味道！”

她第一勺就舀给王婆婆：“你要善待自己，不要什么东西都想省给儿孙。我们这年纪能有胃口、有心情吃的日子是过一天少一天，可是小孩呢，他们可以吃好东西的日子还长着呢！”

王婆婆吃了一口冰淇淋，露出大吃一惊的表情说：“这冰淇淋还真好吃！叫哈什么来着？哪地方有卖的？我等会去买几盒给孙子带回去。”

我惊讶地说：“这哈根达斯冰淇淋还是你女儿蓉蓉介绍我买

的呢，她说这牌子的冰淇淋鲜奶成分高，又含有鲜果粒，好吃又营养，她经常一买就是好几盒，放在冰箱里，给孩子当点心吃，她没送给你吃过吗？”

后来王婆婆过 90 岁生日时，女儿蓉蓉在一家五星级酒店替她摆宴庆祝。

席间，当一道非常昂贵的清蒸鱼端上桌来时，王婆婆女儿第一筷子就将那刺多肉少的鱼边夹下来放到她碗里。

王婆婆看着那些鱼边，老嘴一撇落下泪来：“我已经吃了几十年的鱼边，连我过生日的这一天，都还要吃它啊！”

蓉蓉说：“妈，您不是最爱吃鱼边的吗？”

“我哪是爱吃呀，我只是舍不得跟你们抢着吃那鱼肉啊！”

我另一位朋友母亲的做法，则恰恰相反，家里一切好吃、好用的，都是由他们做父母、长辈的先享用，再轮到小孩，所以至今他们的孩子虽都已为人父母，甚至有做了爷爷奶奶的，但一得到什么好东西，还是会“习惯性”地先去“进贡”给父母。

这两家父母教育子女的方式，让我有了深深的体会——

要培育“不孝”子女很简单——只要把自己变成“孝子”、“孝女”准成！

曾因动手术住院，由读医又恰好放假的女儿担任看护，以为已经进医院实习过的女儿，肯定不需等我开口提要求，就能给予周到的照顾。不料她竟连我下床如厕时都不会主动搀扶。

在面对我生气斥责时，她还振振有词地反驳："我怕我如果主动来扶你，你会后悔！"

"怎么会？难道你们在医院实习时，老师没教你们如何照顾病人吗？"我朝她瞪眼。

女儿却露出无辜的眼神说："照顾的都是不认识的人，我不犯错误就行；但是换作是自己妈妈，我会担心万一明明是诚心照顾，却反而不合你心意，把你给弄疼甚至弄伤了！"

做父母的我们，经常就这样等在那里，期待孩子会主动向我们说些"贴心"的话，和自发性地做些"体贴"的动作。我们往往只会默默地放在心里去想、去生气：

"你难道看不出来我不舒服吗？难道还要我教你如何去察言观色吗？"

但世上有多少人天生就会体贴、照顾人的？我们做父母的，难道不该像教孩子认字读书般，认真去教导他怎样来关爱我们，免得造成孩子将来会有"子欲养而亲不待"的愧疚，造成他们背负"不孝"的罪名吗？

后来，在我家又发生一件事，让我更加意识到——"自私"绝不是孩子的"本性"，而是被父母"后天培养"出来的。

去接女友的儿子买了两份蛋饼，一份给女友，一份给自己。

做老妈的我，眼巴巴地看着小两口欢喜吃蛋饼的情景，心里真是五味杂陈。

想起儿子小时，因为知道为娘的我爱吃软糖，他省下学校小朋友庆生日请吃的软糖，带回来帮我剥去糖纸喂进嘴里的往事还仿若昨日，但同样的画面“女主角”却换了人！

我跟自己说：“不要吃这醋，孩子他爹不也曾做过这种‘有了媳妇忘了娘’的事吗？我不也希望女儿的男友，可以这样宠爱她吗？”

可另一个声音却说：“必须不要脸地掀翻醋坛子！”让儿子明白——不要让他“情人眼里不见老妈”的言行，替他女友和我“结仇”；要让他会替女友“做人”！

提醒“小两口”若吃到、看到什么好的新奇的，能否替双方家里的“老两口”也捎上一份……

这种花小钱就能博得父母“总算没有白养你”的安慰，只是举手之劳极易尽到的“孝”呀！且他们若将这些能表现出体贴、周到的教养，推及平日与人交往上，肯定也能替他们的人际关系加分。

朋友们却在听说我要给儿子“上课”,还要他女友一起“旁听”时，都说我“疯了”，简直就存心搞“破坏”！我却执意去跟两个孩子坦率说出自己的感受。

“小两口”听后极吃惊，因为从来没有任何“大人”跟他们说过这些；他们此时方恍然大悟，为何他们以往女友的爸爸或男友的妈妈，曾表现出“吞了一大缸醋”的奇怪言行。

这事更加强化了——“爱真的是要教的”，“爱也真的是需要去要求的”的教育观念。

曾应邀去一个中学作演讲，会后有位女学生跟我提及，当她母亲过世时，她父亲不仅一滴泪都没掉，并且还正常地上下班；甚至表现得比母亲在世时更开心和气。

她既惊讶又生气，父亲怎么可以对母亲的死表现出一点都不难过的模样？就赌气不跟父亲说话，父亲做的饭菜她也不肯吃。

后来有一天深夜，她听到父亲房间传出哭声，就偷偷地从门缝往里瞧，看见父亲捧着母亲的照片在哭，她才知道她的父亲其实也跟她一样为母亲的去世而伤心。

女孩用极其疑惑的口吻问我：“爸爸为什么不肯让我知道他的难过呢？”

“爸爸大概不愿让大人的伤心，引起孩子的更难过吧？”我试着用大人的思维方式，来让女孩去了解父亲体贴她的心意，谁知不仅未达到安慰的效果，反而让她气愤伤心地大叫道：“我和爸爸难道不是一家人吗？我虽然还是个孩子，但我也可以安慰人呀！”

这件事给了我一个很大的思想冲击——

我们做父母的，如能毫无保留地和孩子分享我们言语之间的率直情感；甚至在我们感觉脆弱时，让孩子知道你需要他的帮助，这应是对孩子最大的信任吧？

而在这个被信任的基础上，孩子才可能感受到你对他真正的爱，并学会如何去做一个会爱人、也能博得别人喜爱的人。

因此，与其坐视孩子“不孝”，不如起而行地去培养孩子“爱父母”的能力，并且给孩子爱你的机会！

我们要学习的是：不要将“孝顺”当“知识”来传授，而要作为“常识”来“八卦”。

郜妈老实招

不论孩子送你什么东西，不要泼冷水地斥责他：“就知道乱花钱，尽买些不实用的！”一定要诚心去称赞感谢，并且“大力”使用或食用。

5 别把孩子给夸坏了

郜妈爱说笑

两只狗的主人在遛狗时相遇，其中一位开始大夸自己的狗：

“我家来福可能了，会看报纸呢！”

另一位立刻接下他的话茬：

“哦，我家小黑昨天就告诉我了。”

郜妈侃一侃

我是一个标准的“马大哈”，每次出外走一圈，就会将“身外之物”布施出去。因此，伴在我身旁的人，往往都会自动担任起“拾遗”的工作，即便连小小年纪的儿子都不例外。

“妈妈，你的外套。”“妈妈，你忘带皮包了。”“妈妈，妹妹还在车上啊！”

一次儿子跟我出门，在计程车上睡着了，被叫醒下车时，忘了提醒我拿伞，结果在得知我又将伞“送”给司机叔叔时，他气得大哭道：“我们家的伞都是这样，被你忘来忘去给丢光光啦！”

虽然又丢掉伞是很不应该的啦，但却觉得这小孩脾气发得莫名其妙，便在次日送他去幼儿园时，数落给他的班主任听。

在美国拿到儿童心理学硕士学位的班主任问：

“你是不是夸赞过孩子提醒你不要忘东西的行为？”

“是啊，老师不是说当孩子有好的行为表现时，父母要夸赞的吗？”

“你是怎么夸他的？”

“说‘儿子你简直成了妈妈的好脑子，让妈妈不再忘记东西！’”

“夸错啦！怪不得他在你忘记拿伞时，会有那样激烈的反应。”

因为，儿子在被我称赞为“妈妈的好脑子”后，就自觉有了“责任”，那番指责我的话，其实是在自责“疏忽职守”啊！

想不到赞美的出发点，本是为了激发儿子的荣誉感，提升他的自信心，想让他能表现得更好，却未料到反而因用词不当，让受赞美的儿子有了压力。

“伤脑筋耶，连夸孩子也得要脑筋急转弯地想一想！”

在一边“旁听”的家长们发出一片哀嚎。

“‘鱿’那么严重吗？”

班主任故意学着台湾领导的“台普[①]，让家长们把长长的苦瓜脸转换为圆圆的南瓜脸后，再让每个爸爸妈妈跟他讲一个赞美孩子的事。

“我会夸不爱吃青菜的女儿——真是好孩子，把青菜都吃完了！”

“我会夸儿子说——你真替爸爸长脸，老师说你是班上成绩最好的学生！”

“你跑得好快啊，可以去参加奥运比赛了！”

“我总是会在考试前鼓励我女儿——只要你不粗心，你就一定能考赢别人。”

每个爸爸妈妈都在“输人不输阵”的心理因素促使下，苦苦思索出一些经过“涂脂抹粉”的夸赞话来，希望能博得班主任的夸赞。

结果“不上道”的班主任却说：

“通通不及格！”

因为这些赞美不是“判断型”，就是“谎言型”，再不就是“操纵型”；正确的赞美方式应是“描述型”。

“判断型的赞美，是把焦点放在孩子做的这事符合了大人的期望上。”

“孩子没有大人想的那么笨，所以感觉得出父母的夸赞是出自于真心，还是随口说说的谎言。”

“用赞美来操控长大的孩子，往往会变成个对赞美上瘾的人，所有学习和生活的目标，都集中在如何去‘取悦’旁人。”

“描述型的赞美，则是把赞美的焦点放在孩子的努力，和他个人内在的喜悦成就上。孩子会随着他们因努力而获得的成就而成长，能激发他们继续尝试的勇气和信心。”

听完班主任的这一番说明，我原来只拥有 30 烛光夸赞能源的脑袋，立刻转换成 100 烛光的，还是特省能源的——

原来，引发孩子学习和“变好”动机的最好方式，不是赞美其最终所得到的结果，而是要鼓励其在尝试过程中所付出的努力。

郜妈老实招

当不爱吃青菜的孩子居然把青菜都吃完时，你的表现应是开心地说：

“呀，是因为很饿，还是因为妈妈这次烧的青菜很好吃，所以青菜都被吃光光啦？”

当孩子考试成绩优异时，你可以问他：

“能拿这样的高分，你是怎么办到的？”

当在比赛终点迎接参加赛跑的孩子时，爸妈可以说的是：

“我看到你跑得好卖力呀！”

让孩子能感受到父母“看见”他努力付出的真心，这才是孩子想要的夸赞。

6 孩子，我要你比我强！

郜妈爱说笑

奥运会上，外国观众和中国观众在一旁比较哪一国的人得过的金牌最多……

外国观众："我们的奥图曾在奥运会上得到6块金牌！"

中国观众："哼！那算啥！我们岳飞只一天就拿到12块金牌咧……"

郜妈侃一侃

在看到报上所刊登的八岁女童张慧敏向北京天安门奔跑，她的爹却骑着电动车在后尾随的照片时，我眼前立即联想到的是，一头孱弱幼牛，被主人在烈日下挥鞭驱赶的耕种图！

据说这项计划是小慧敏的父亲张建民策划的，但张建民却声称，跑到北京"完全是女儿的主意"，纯属孩子的一片天真梦想！

女儿对此事发表她的看法："你们大人呀，常会把我们孩子随口说说的话和随意做的事，放大了来看！”

女儿相信小慧敏应该说过“想要跑到北京”的话，但在夸下这“海口”时，可能是为了讨父亲欢心，更大的可能是她没有“海口到北京究竟有多远”的概念，纯属孩子的一个天真梦想！

我相信小慧敏在终于跑到北京，接受大家欢呼时，肯定会升起另外一个“凌云壮志”——十年后在奥运比赛场上奔驰的想法，且会在这“焚烧的荣誉感”的支撑下，继续乖乖地听从她父亲的“魔鬼训练”。但她的体力和意志力究竟能持续多久？

在小慧敏事件被某些媒体炒作的同时，在报上又看到另一个新闻小板块——

印度一位 5 岁男孩辛格，在教练和父亲的策划下，要从印度的东部跑到西部，但是当辛格正打算进行他的长跑时，得知消息的警方却封锁了道路，严厉禁止辛格展开他的长跑计划。

辛格的教练和父亲向警方抗争，说此举是扼杀了一个培养长跑神童的愚蠢行为。

警方却极严肃地回应他们道：“我们国家可以不要神童，但却有责任保护一个孩子的生命与健康！”

此事件发生不久后，辛格在姐姐的支持下，状告教练在不满意他的表现时，曾将他倒吊在梁柱上以皮鞭抽打，以及对他施以其他残酷的体罚，并坚决表示：“我再也不愿意跑一步了！”

小慧敏是否也会如同这位印度长跑小神童般被她父亲给“练

废了”呢？

据说，小慧敏的哥哥就是在父亲张建民的铁血磨炼下，于四岁那年“受到极大的身体残害”。

“到底是在培养孩子，还是在驱赶畜生？”

我们为人父母的，若真是爱我们的孩子，请千万在做任何对孩子的“培训”前，去真实地面对自己的“良心”，诚诚恳恳地用这句话来检视一下自己的出发点吧！

郜妈老实招

不要太在意孩子的表现，孩子会因处处要考虑父母的想法，不仅活得很辛苦，也会变成“另一个”父母的拷贝品。

7 让自己的“面子”成为孩子的“责任”

郜妈爱说笑

三个女人在一起各自吹嘘自己的孩子。

“我儿子昂昂是个律师，既优秀又孝顺，去年底还花了大价钱给我买了件貂皮大衣呢！”

“我女儿是个理财专员，她每年送我的年节礼物，都是几张绩优股票。”

“这算啥，我的儿子是个企业主，每星期都要去见他的心理医师好几次，每次去都要给那医师好几千元，请医师听他谈论我这个母亲哩。”

郜妈侃一侃

曾观赏过某个电视台所制作的“母爱总动员”节目。

节目进行的方式，是由三位母亲各自带着五六岁大的孩子，一起做才艺表演，并讲些平日未曾向对方说出的心里话。

然后由一群同龄孩子做评审，票选出他们认为最棒的母子或母女搭档；现场还请了三位名人来做嘉宾进行讲评。

获得孩子们最多票数的，是一个既会翻筋斗，又会跳舞，还会像模特那样走台步的小女孩。

然而令人惊诧的是，当制作人员对这三个孩子作私访时，那被评审孩子们认为“最棒”的女孩，她的自我感觉却是最差，且觉得自己是母亲的累赘；把“妈妈，我要替你‘长脸’”视作永远必须奋进的目标。

“妈妈，我要替你‘长脸’！”这是个多么沉重的心灵之担，竟在母亲全然未曾察觉的情况下，重重地压在一个六岁孩子的肩上，而这女孩究竟还能背负着这个重担行走多久？

我陷入沉思，开始回想起自己在教育孩子时，是否曾不自知地，将那“期盼”的重担，加诸在儿女肩上呢？

我是否曾把“我从来都不给孩子什么压力的”这句话挂在嘴边，但却又会在有意无意间，不时跟孩子提起某同事或朋友的孩子：“比你还小一点（或跟你一样大），人家英文或数学或某项学习，在班上拔尖呢！”

或在看电视时，若是某个节目里有个孩子的表现特好，会说：“快瞧瞧人家多棒！”

这种“暗示型”的比较方式，带给孩子的压力应该会更大、更可怕吧？！

而参与比赛的这三对母子、母女搭档中，获现场孩子投票率最低的孩子，不论是外表或内心，皆表现出“那个年龄”的孩子该有的纯真无邪与快乐；他母亲完全采取较倾向于西方“放羊吃草”的自由教育方式，将“品德、良好礼仪与生活习惯”的培养，高于强迫孩子去学习“十八般武艺”，因此孩子表现得太过“一般般”。然而这对母子却博得在场名人嘉宾的一致推崇。

这些在社会上“有头有脸”的精英们皆认为，这看似“太过平凡”、“输在起跑线上”的孩子，他的母亲如果能继续坚持原有“正常”的教育方式，这个孩子未来在学业或工作成就上，虽然未必能有特殊拔尖的表现，但是绝对会比另外两个孩子拥有更如意自在与心灵幸福指数最高的一生。

而我们大多数为人父母的，所希冀儿女和自己所过的生活，不也就是“如意、平安与幸福”吗？

所以，当我们对孩子脱口而出“我这是为你好”时，就得用心去检视，是否以“爱”之名作伪装，实际是为了自己的“面子”和“恐惧”，来束缚孩子的思想与作为呢？

郜妈老实招

要对孩子提要求前，先试着去想一想——

是要一个有些不完美却开心自信的孩子，还是要一个什么都好却总是愁眉苦脸的孩子？

台湾父母教养的紧箍咒

郜妈爱说笑

罗爸爸："我终于把我女儿咬手指甲的坏习惯给改掉了。"

刘爸爸："哦，用什么方法？"

罗爸爸："我把她的十个手指头给剁掉了。"

郜妈侃一侃

知道台湾父母最害怕听到的数字是什么吗？

113！

113 究竟是什么东东？就是妇幼保护专线，也是"管教"父母不能以恫吓言语或肢体惩罚对孩子"开打"的"紧箍咒"。

自从 113 专线在台湾成立以来，由于警察叔叔阿姨们热心到学校做宣导，所以现在台湾 90%以上的小朋友都知道——

不爽爸妈管教时，就打 113。

一位只有小学三年级文化水平的爸爸，因为既没常识，又不看电视，不知道“113”的可怕，某天由于痛风发作无法行动，要正在看电视的儿子帮他上楼拿药，而儿子因为电视正演到精彩处舍不得离开，痛得失去耐心的父亲就气得破口大骂：

“养你这么大都是白养，叫也叫不动，早知道一生出来就把你捏死算了！”

结果你知道发生了什么事吗？

那位小朋友把电视一关，跑到楼上就去拨了113！

不到五分钟，一位社会工作员就打电话来“关心”，并且表示马上会同警方前往他家作“进一步的了解”。

还有一位中学生，因为不服父亲以打骂来管教他抽烟、逃学的恶习，而通过113去警察局申请了一张“保护令”，只要老爸一动怒，就立刻向父亲亮出“保护令”这张“护身符”，来“提醒”父亲不准用言语和肢体“碰他一根寒毛”。

在上海某中学担任班主任的朋友，曾接过一位被孩子用烟灰缸打到住院的父亲的求助电话。他在放下电话后立刻赶到那位学生家，在作进一步了解后，得知那个品学兼优的孩子之所以会对父亲动粗，源于自小父亲管教他的模式就是打骂，经常打得他跪地求饶，甚至要从父亲双腿间爬过以示忏悔，父亲才肯歇手。

父亲责打和辱骂他的情景，他全都记得一清二楚，并且狠狠发誓，等到他长得比父亲还要高大时，他一定会“揍回来”。

这些案例，让我们这些为人父母的，听得是毛骨悚然，有些爸妈忍不住烦恼地嘀咕："不打不骂，怎么教好孩子啊！？"

当孩子犯了错，一定不能用打骂来教导吗？

好像又不尽然哟！

我曾经到中学访问过一群被贴上"不良少年"标签的孩子，在问及他们对"体罚"的看法时，他们的回答竟是："赞成！"但加上的"但书[①]"是——必须公平。

"如果犯了同样的错，不论是好学生或是坏学生，都受到一样的处罚，再重的责骂都能甘心接受，并且不会再犯。"

这些孩子的回答，引发了我的一个回忆——

儿子五岁时，某天因为受到父亲责骂，气得几天不跟他爸爸说话。

我问他："妈妈也常骂你，甚至还打过你的手心，你为什么不会生妈妈的气呢？"

儿子说："你骂我、打我都是我该打该骂的。"

"爸爸会骂你也是因为你做错事啊！"

"可是上次我也做错同样的事，他却只是笑笑没骂我。"

原来他生气的，也就是爸爸的"不公平"。

如果父母和师长在处罚孩子时，没有一个确定的"准则"，

①但书：指法律条文中"但是"或"但"以下一段文字，是对上文的例外或"附加某种条件的规定"。现借指"附加条件"。

完全是看当时“心情的好坏”，孩子往往就从处罚中只感受到了处罚者愤怒的情绪，而无法去体会“打是亲，骂是爱”，及处罚者希望借由处罚来让他们知错能改的“用心”了。

不过当看到孩子犯错尤其是屡错屡犯时，绝大多数的父母往往会被气得失去理智。

我在抚养两个孩子的过程中，就有好些次这样的经验，如教导儿子功课、让女儿乖乖吃饭……都会让我“抓狂”，像个疯婆子一般地大骂甚至责打孩子，事后又会为之前的行径后悔自责不已，但却总是改不了“责打比较快”的管教习惯。

直到某次女儿又在饭桌上偷偷“做饭团”（就是把一口饭团在嘴里，半天不咽下去），见我拿起筷子，以为是要打她，连忙将小脸缩藏到桌子底下。

那一瞬间，我看到女儿害怕被责打的恐惧眼神，跟我曾在路边看到的一个被母亲虐打的孩子的眼神是如此的相像！我吓坏了，深深责备自己，竟然变成如此可怕的母亲而不自知。

从那次起，我对自己下了“勒令”：不准再使用鞭子教育！

在发现自己“眉毛、眼睛和头发竖起来”时，就立刻离开现场，用绕室疾走或深呼吸的方式来使“火山熄灭”，然后再跟孩子说话。

并且严厉管束自己的口舌，在责骂孩子时，绝对不说出任何一句如“你真是笨得像只猪啊！”“你去死吧！”“真后悔生下你这种孩子！”之类充满污辱又挫伤他的自尊心、只是一种情绪的宣泄而没有任何建设性的话语。

还有，我在处罚过孩子后，一定会跟他们“和好”——

用一个拥抱或一封信，让孩子了解——

“不论你做错了什么事，多么伤妈妈的心，妈妈还是会原谅你并永远爱你。”

郜妈老实招

在处罚时，一定要就事论事，如孩子犯了出门忘记锁门的错误，只要说：

“你没有锁好门，我很担心小偷闯进来，下次你千万要记得锁好门。”

不要大翻他过去丢三落四的旧账：“你老是这样，没一点责任感……”

也不要有其他联想的碎碎念：“这点小事都做不好，将来长大了能干些什么？还能信任你吗？”

第二章
养好孩子很简单

一位女友在电话里对我说："你以为你做个全职妈妈，就能比现在更'尽心'照顾好孩子吗？你以为只要能随时随地孩子一召唤，你就可以'随传随到'，就是一个'尽职'的好母亲吗？你用点脑子去好好琢磨琢磨我这话吧！"放下朋友的电话，我试着让心挣脱思维的桎梏，经过深思熟虑，得出了一套"用心不用力"的"部妈育儿法"。

1 做孩子的第一个“贵人”

郜妈爱说笑

妈：“欣欣，我对你的考试分数很不满意！”

欣：“妈妈，这代表我们的鉴赏力不太一样哟。”

郜妈侃一侃

在进入人生半百的那一年，我接到一张邀请我参加小学同学会的帖子。

许多同学都是在小学毕业后就再也没有联系和见面，在时隔三四十年后再相见，大家凭着记忆将名字与脸孔“对号入座”，多半都能很快地“联结”，只有少数几位因为改变较多让人费猜疑，而其中首推一位唐同学，改变之巨大让众人“跌破眼镜”！

因为在记忆中，唐同学总是“不安于座”地扰乱课堂秩序，他尤其喜欢像猴子一般爬高下低，而让每位曾带过他的班主任头痛不已。

有一位班主任经常罚他站，并当着全班同学的面讥讽他：“你就好好练这些‘高来高去’的功夫吧，将来好去爬高楼做贼去！”

我们在这个班主任的“洗脑”下，都认定他将来肯定会成为一个走家串户的飞贼。

嘿，结果这次同学会上，穿着名牌西装，体形保持得最好的唐同学递出名片，竟是目前在建筑业界最红火，月薪高达十万余元的“鹰架工程师”！

唐同学说他的人生会有如此大的转折，完全要感谢他上中学时遇到的一位黄老师。

当黄老师看到他面无惧色地在高墙、大窗架上表演“特异功能”时，不是讥讽责骂，而是笑嘻嘻地夸赞：

“你胆儿真大，都没有惧高症，将来肯定能成为一个建筑高楼大厦的人才！”

黄老师这句话，替他指引出来另一条“明道”，让他开始去观察和设法了解，盖高楼大厦所需的人才究竟有哪些。最后他寻找到一种专门替高楼搭建鹰架，以方便进行建设的工作——“鹰架工程师”。

近些年高楼大厦一栋栋地盖，他由一个替人打工的“鹰架工程师”，变成自组企业的老板，不必再爬高下低，不仅台湾的业务接不完，还跨海到中国大陆、港澳等地接项目。

“所以，还真是应了那小学班主任说的话，我这人就是注定要‘高来高去’的，但幸好他只说对了一半，我是做‘飞人’，而不是做‘飞贼’！”

唐同学自嘲口吻中带着无限自豪。

我想唐同学一定很希望能让当初低看他的小学班主任，和鼓励他的中学老师，看看现在的他吧？

中国有句老话说：“天生我才必有用！”

伯牙在遇到子期之前，也被人视作个会弹奏一些音符的普通乐师；

千里马在遇到好主人前，也只是一匹个性顽劣的野马；

美玉在被雕琢前，仅是一块丑陋的石头；

钻石和煤炭中的成分都是同一元素；

黄金在未被淘炼前，就是一堆不起眼的砂石……

人的一生，总有机会遇上几个“贵人”。

这“贵人”有在传统思维里，能处处予以我们提携、鼓励的“好贵人”。

也有用践踏、打击来激起我们斗志的“坏贵人”。

成功与否全在于我们用什么样的心态，来接受这不同“贵人”给我们的指引、打磨。

记得在电视台担任节目主播时，最怕在表情、台词上出了错频频“NG”，如果多了几次“NG”，即便旁人安慰你说没关系慢慢来，但被“NG”的人往往还是会羞红了耳根，恨不得打个地洞钻进去。

但不知从何时开始，一些“NG”片段被剪接成节目或影片的结尾，成为一个博观众粲然的笑点；甚至有些观众还认为，那“NG”片段比 Good 的“正片”还要来得精彩！

读中学时，学校附近的面包店都在卖一种颇受欢迎的点心，就是将做三明治切剩下来的面包皮拿去烤脆，再撒上一点儿白糖。这道点心不知道是哪个面包师傅动了一下脑筋，把原本仅能便宜卖去做成油炸粉的面包皮，变成了一道可以让面包店获利更高的点心。

总之，它曾风靡一时，成了最受学生欢迎的点心。

后来，又有面包店推出一种“NG 蛋糕”，就是把那些要做成或方、或圆、或长形蛋糕切下来的边边角角装成一袋出售。据说原本这些边边角角，都是要被弃于垃圾桶中的，但经过店家如此一处理，却成为颇受欢迎的一道点心，不仅因它价格便宜，且由于袋里所承装的，是源自不同口味的蛋糕，可满足顾客多样尝新的心理。

有一位朋友最近靠买卖“垃圾”发了大财，他所使用的方式是，帮一些建筑商人处理他们在挖掘建房地基时所挖出来的土壤、砂石，然后再把这些东西卖给需要填高低洼之地的建筑商。

当他在“帮忙”清除那些废弃的土壤、砂石时，建筑商人必须给他一笔清除费；他把这些“垃圾”卖给另一个要填洼洞的建筑商人，又获得另外一笔报酬。

在整个买卖的过程中，他唯一要掏出的少数金钱是租用一辆运载砂石的卡车。

一群女友经常在换季时举办“旧衣物交换活动”，就是将一些自己穿不下或不再喜欢的衣物任人取去。

而奇妙的是，一些本来被原主人视作“破烂”的衣物，再由一些“新主人”淘了去且穿戴上身后，竟产生了“红花衬绿叶”之效。

这些“废弃品”存于隐微处的美质，都是经过“慧眼识英雄”的“贵人”的发掘后才获得新生。

而我们做父母、师长的，就是那可以决定孩子命运的“贵人”。

每个孩子天生都有不同的个人特质，这些特质经过挖掘、强化与培养，就是可以造就他们成为“不一样”的人的基础。

我们通常很难接纳孩子的缺点，但试用另一个方式去看去想——

“公斤”和“公尺”都是“公”的，我们却不会将其放在同一标准上，去作“比较”。

我们可以去接受即便是双胞胎，在面貌上也会有所差异，为何却不能接纳孩子的心智也如同他们的脸孔般的“独一无二”呢？

每个孩子都能成为宝，就看我们如何将孩子那用“正常”标尺衡量出的“坏毛病”，转化成“优点”来欣赏培育。

曾有科学家拿一只母鸡来作实验，他们先放了一些野鸡蛋给它孵，结果发现当小野鸡们出生后，母鸡带它们去山林里找虫吃，而不是引它们去饲料盆。

后来科学家们又拿了一些鸭蛋来给母鸡孵，当小鸭子们破壳而出后，母鸡带它们去水边让它们游泳。

这个实验让这些科学家有感而发地说：

“我们人类所认为的愚蠢、没有感情和大脑的鸡，其实是既有爱又有智慧，因为它能观察、了解到不同的个体有不同的习性，它不会强迫它孵出的‘孩子’按照它的观念、意思而行，而是任其发挥本性；反观我们人类，有多少人能拥有这种如母鸡般‘智慧的爱’呢？”

郜妈老实招

经常练习“五不原则”——

不否定、不批判、不指责、不打断、不急切去试图改变孩子。

坚持无条件地爱他、接受他的挫败、支持他。

2 别把孩子“庸才化”

郜妈爱说笑

看到康熙皇帝在二十三岁的时候已经贵为一国之君，丰功伟绩，我很沮丧；但又看到同治皇帝在二十三岁时已经死了四年了，我平衡了。

郜妈侃一侃

有段时间，微软公司的老板一直在为挽留公司员工作努力，因为包括总经理在内，大家都要跳槽去卖土豆。

只听到石油在闹缺乏危机，并没有听到在闹“土豆荒”啊？为什么放着“电子新贵”的工作不做，要去卖土豆呢？

原来在网络上流传着这样一个“真人真事”——

美国一个拥有许多连锁店的生鲜蔬果宅配店老板，曾在当老板前至微软公司应征清洁工，但被微软公司以他不会操作电子计算机为由拒绝。

学历不高又没特殊才艺的他，在颓丧地走回家的路途中，遇见一个卖便宜土豆的农夫，就掏出身上仅有的 10 美元，将这农夫所有的土豆都买了下来。

他原本准备拿这些土豆充作未来日子维生的粮食，但却在拖着这些土豆回家的路上，突然灵光一现，就挨家挨户地按铃兜售，结果居然卖得了 30 美元。

他拿着这 30 美元，第二天又去买了些其他的生鲜蔬果，照样挨户兜售……

如此逐渐扩张营业，六年后成为拥有资本额亿万美元的富翁！

他在接受记者采访时说：

“幸好我不会操作电子计算机，不然我现在应该还仅是微软公司的一名清洁工！”

在听到这拥有亿万美元资产的富翁，说出这样一句语重心长的玩笑话后，微软公司的每个员工都仰天长啸道——

我真是猪头啊，当初为什么要跟人一窝蜂地选修什么电子计算机啊！

也让逼着孩子学电子计算机的爸妈因此吓出一身冷汗——

一个亿万富翁，就这样毁在我“推动摇篮”的手上了吗？

深恐自己的孩子“输在起跑线上”，我们把孩子的时间填满了各式各样“别人学你也一定得学”的学习。

我曾在博客上看到一位妈妈张贴的“小学一年级星期六作息表”：

上午：8 ： 00 起床

9 ： 00——9 ： 50 钢琴学校学习钢琴

10 ： 30——12 ： 00 少年宫艺术表演班练习舞蹈

下午：13 ： 30——15 ： 00 “快乐作文”课

15 ： 10——16 ： 40 奥数课

晚上：19 ： 00——20 ： 30 钢琴家教陪练

满满当当的日程，简直与一个大企业老板的日程不相上下，我光是看都觉得晕，更何况是要一个七岁的孩子照表赶学习，体力能吃得消吗？

这或许也就是在卖场里，强调能“增强孩子体力”的奶粉、食品与补品特别好销的原因吧？

我们再来看看一般孩子平日的作息表，多半是早上出门上课，晚上回家睡觉的形式，几乎没留有任何“空白”时间，让父母去跟孩子聊天、谈话、陪他们玩，和有机会去从旁观察、思索，自己的孩子究竟具有什么特质？

我们在努力地让他“样样不输人”地到处学习的过程中，是否反而把他给培养得“平庸化”了？

我们究竟是想“打造”一个合乎正常规格的“机器”，还是培养一个能发挥个人所长、乐于生活工作、有“不一样”特质的“人”呢？

一位朋友的孩子在入学时，从学校带回来一张表格要父母填写，其中有一项要填孩子的“强项”，朋友想了很久，不知道填什么才好。

因为孩子说老师讲的“强项”，就是别人不行我行的地方，可是班上所有的小朋友都会弹钢琴、画画、语文、游泳、计算机……

所以，当大家都学得“一样多”时，比的就不是那由学校和补习班教出来的“技艺”，而是“不一样”的特质了。

而这些“不一样”的特质是什么？

是人格特质、学识内涵、工作态度、逻辑思考、想象创造能力……

这些能力的培养是需要留给孩子“空白”时间去咀嚼所学，让父母用心观察孩子不同的反应和变化的，是急不得的，须花时间去等，让其慢慢地累积养成。

夺得国际象棋世界冠军的谢军的母亲，如果当初死活不让她只“专心”学国际象棋，而要她“不输在起跑线上”地也去补英文、学计算机、学音乐、上作文课……谢军肯定就会因“忙不过来”，而“牺牲”掉了她的“强项”。

先跑不一定会赢，只会输掉孩子对学习的热忱和模糊化了孩子的“长才”。

家长选择培养方式，就是拿孩子的前途做赌注，千万要谨慎投注啊！

然而该如何去发掘自己孩子的“强项”呢？

台湾家庭多半二胎化，因此在父母间有句流行语：

“第一个孩子照书养，第二个孩子当猪养！”

因为许多父母都有一个共同的想法，认为只要努力把第一个孩子给管教好了，老二自会有样学样地学好，不必去太费心思。

也不知是否跟这不同的教养法有关，不论在我家或是其他家庭，那种“当猪养”的孩子，通常真的让父母比较“省心”；那些“照书养”的孩子，却经常被教养成了“磨娘精”，总是让人放不下心。

而在中国大陆，除非是在农村，一般城市父母在一胎化政策下，基本上很难有机会和胆量将孩子“当猪养”，不知这是否就是现今大陆有越来越多“磨娘精”孩子的原因呢？

教育专家们的研究资料就“说话”了——

有一半以上的孩子，天生就是属于“当猪养”的好养型，也就是说他们不论在情绪、注意力、适应力等方面都表现得“正常”。

有六分之一的孩子则是属于适应度差、坚持度高、情绪反应激烈的“磨娘精”。一些问题青少年和作奸犯科的成人，多半是这种“磨娘精”；但那些在科学研究、艺术、商业……等各行业中崭露头角的，也多半是这种“磨娘精”。

这个研究观点，用在我两个孩子身上，似乎也十分贴切。

我那有着“磨娘精”奇怪性格的儿子，学业成绩只有次好与不好，但当一般孩子都还懵懂不知未来志向时，他却很清楚自己将来的职业选择，并如愿进入他所喜爱的专业，且有出色的表现。

“当猪养”的女儿，则各方面都表现优秀地读到高校毕业，却在要毕业时，流下慌乱的眼泪，因为不知自己的“强项”究竟是什么。

我建议女儿：

“想想自己是否有一些被人看作‘奇怪’或‘不正常’的地方。”

为增加自己说话的“分量”，我找了个专门替日本动画片《机器猫》中的机器猫配音的女播音员故事来替我“站台”。

这位女配音员，在进入这家动画片公司做事，被某位同事“慧眼识英雌”地推荐为“小叮当”的代言人前，曾是个因被人耻笑“有着奇怪的说话声音”，而自卑得不愿轻易开口说话的人。

但如今，她的声音却被孩子们认为是“最有特质”的声音，并且孩子们都以能够传真模仿她的声音为荣哩。

“奇怪”与“特殊”，在字面上的解释都是“跟平常不一样”，其好、坏意思，在于看待这两个字眼的“心态”如何。

如缺点是“多话”的孩子，可以将他视作演讲者、老师、主持人、推销员等需要大量说话的职业的优秀人才来培养。

缺点是喜欢到处乱画、总是有不合实际的怪想法、每天好像在做梦般糊里糊涂的孩子，好好开发引导，他有可能会成为下一个毕加索、李可染或张大千。

总爱追根究底地问“为什么”的孩子，他有可能是下一个出在中国的诺贝尔物理或化学奖得主。

反应快、口舌如刀般锋利、父母或师长常常会被他一句话就给“堵”得哑口无言的孩子，具有成为律师、大法官、企管人员与证券分析师的潜能。

在金钱上爱斤斤计较的小气孩子，会是很好的会计与银行职员。

所以，一个孩子跟人“不一样”的地方，可以成为他在学习、工作上的绊脚石，也有可能发展为他成功的因素。

当孩子表现出一些“不正常”的言行时，你有没有想过，那可能就是他在对你说——

“看着，这就是我的‘强项’！”

因此，做父母的我们没钱没闲没知识都不要紧，只需肯将心力先专于“搞懂自己的孩子”，然后按照孔子所说的“因材施教”——

根据孩子的生理、心智发展，依着他的性格、脾胃来养，再参考（请注意是“参考”而非“拷贝”）些别人家及专家们所提供的教养观念与技巧，就能让孩子受教，父母得“照猪养”般的省力。

郜妈老实招

留给孩子“空白”时间，让父母去跟孩子聊天、谈话、陪他们玩、观察他们究竟具有什么特质，允许孩子有“跟平常人不一样”的思维与学习方式。

3 别把孩子当宠物养

郜妈爱说笑

棋棋去一家餐厅吃东西，坐了很久都没有服务员来问她要吃什么。

看着旁边比她晚到的人，都点了菜并且津津有味地吃起来，她忍不住站起身前去柜台询问：“请问一下，我是不是坐到观众席了？”

郜妈侃一侃

儿子在读小学时，每晚的“陪读”可以说是我和儿子最痛苦的时光。

在单位累了一天又需忙做晚餐的我，身心俱疲下自然脾气难好，因此经常是“板子与怒骂声”声声入邻舍与家人之耳。

据说，台湾前领导人陈水扁妻子吴淑珍的“功力”更高，可以“震撼”整个胡同！

这恐怖的“声效记忆”，在事隔十多年后，仍深深刻印在不得不“陪听”的女儿心中。

女儿说：“有一次你教哥哥数学，把一根塑料尺都给打断了！”

我辩解那尺是敲在书桌上而非儿子手板心上，但女儿却言之凿凿地说她的记忆才是正确的，并且加上一句：

“我就是因为被你打哥哥的狠劲给吓坏的，所以在学习上一点儿都不敢疏忽！”

儿子的成绩并没有因为我的严管而有太大起色，未料却收到了“杀鸡儆猴”的效果，套句台湾俚语：“没有肥到猪却肥到鸡身上了。”

借用儿子自我嘲讽的话则是：“妹妹学习成绩的最低分就是我的最高分；妹妹能自动自发地向上学习，都是托被我‘吓’的福！”

这种很厉害的陪读政策，在儿子小学四年级某次月考后有了大逆转。当时我因出差去了外地，他在“无人监管”下，学习成绩竟只不过小小地退步“一分”。

这“一分”之差，将我一棒子给敲醒了。

它让我明白我在孩子学习上的“地位”，并没有自己想象的那般重要与伟大；自认为在“帮助”孩子学习的我，其实是在一点一滴剥夺孩子自己学习的能力啊！

此后，我把“主动学习权”交还给儿子，对女儿则是一直采取“放羊吃草”让她自由学习的态度。

儿子在入高校前的成绩，一直维持在我对他采取“戒严”时期的那种中等级别；女儿却一直是名列前茅，没有参加任何课外补习班，全靠自我学习的方式，考入重点中学与高校。

朋友的女儿则把父亲的“陪读”说得更搞笑——

“老师问我最近数学成绩怎么有进步了，我说因为我爸爸出差不在家。”

因为她爸爸经常会越讲越大声让她紧张得变得“更笨”；而且常在教她解题时，喜欢“顺便”教上一些他们还没有学到的解题公式，弄得她更糊涂。

曾有网友拿发明 WINDOWS 的比尔·盖茨开涮——

说比尔·盖茨死后接受上帝评判，由于他创造了惊人的 WINDOWS，对人间有巨大的贡献，上帝不能确定是送他进地狱还是上天堂，就破例让他在参观地狱和天堂后，自己决定去哪个地方。

比尔先去参观了地狱，发现那里是一个有着性感姑娘在清澈海水中与美丽沙滩上嬉戏、奔跑在阳光明媚之处。天堂虽然有飞舞的天使在弹琴歌唱，显得十分美好祥和，但不如地狱吸引人。

比尔便作出了他的决定：去地狱！

两个星期后，上帝去地狱探望比尔，发现比尔的手脚被锁链捆住，塞在一个充满烈焰的洞中，被魔鬼拷打，折磨得正发出凄厉的尖叫声。

比尔见到上帝后用充满着痛苦和失望的口气质问上帝道：

“这不是我当初看到的地狱！那有着沙滩和漂亮姑娘的地狱在哪里？”

“哦！”上帝说，“当初你看到的，是屏幕保护程序！”

我在哈哈大笑之余，突然猛然一惊地想到——

我们做父母的，是不是也在“为了保护孩子”的心态下，替他们安装了一个“屏幕保护”而不自知呢？

去探访移居美国的妹妹，跟着她一起去幼儿园接孩子，见到有个小男孩不小心在爬滑梯时摔倒了，赖在地上哭个不停。老师让他大哭了一会儿后，才走过去对他说：

“你摔了一跤觉得很疼对不对？可是这样一直哭，会让你的疼痛减少一点吗？”

小男孩立刻止住哭声，爬起来又去玩溜滑梯了。

如果这事发生在国内，那个小男孩不是被立刻抱进怀里安慰一番，就是被指责为何自己不小心。如果是发生在家里，尤其是有爷爷奶奶姥姥姥爷在场，那“害”孩子摔跤的滑梯、凳子、地板，则一定会被拍打指责一番。

这就是中外教育的差别之处，同样是在考量孩子长大后早晚都要离开父母出外闯天地，外国人会想，与其让孩子在未来面对挫折时惶恐无助，不如让他自小从摔摔打打的不顺中，“撞”出面对人生的勇气和本事。

中国人则见不得孩子在自己眼皮底下吃苦，至于自己看不见的孩子的未来，就推给“儿孙自有儿孙福”。

影星成龙曾因担心独子房祖名遭绑架，而派人随时随地保护他。直到听了儿子所写的那首“人工墙”，控诉自己被父母、师长所筑起的四面人工墙给围住，而痛苦地呐喊“我要自由”后，成龙终于省悟自己对孩子的爱给孩子带来多大的束缚与压力，而终于松手，让他自己去跌、去闯。

曾和女儿一起看了一部电影，该片讲述了钢琴奇才戴维·赫夫考虽然脱离了强势父亲的掌控，却因此一生背负着“背叛父爱”的沉重枷锁，最后精神崩溃。反反复复呈现于全剧中似主角的喃喃自语、又似认罪自白的话语，沉重地回响在耳际。

当把碟片从影碟机里退出时，女儿突然向我道谢：

谢谢妈妈从来没有像戴维的爸爸那样，如此强势地要求我要按照你的目标走。

一听从来就是“狗嘴里吐不出象牙”的女儿，居然“总算良心发现”地说出感谢之词，我的尾巴不由得翘起来，清了清喉咙，正打算“追封”一些母爱浩荡的伟大事迹时，女儿举起手来大喊了一声：停！

“那是因为你比较懒和自私，不肯像那些很聪明、学历很高、能力很强的父母那样，花很多力气在管孩子上。”

“真是，上帝是不是为了要淬炼我的忍耐力，所以才让我生了你这么个坏嘴巴的‘不孝女’！”

我嘴上不开心地嘀咕着，心里却清楚，女儿说的确实没错。

在教养子女上，我的确是一个——

如果只要能动些小心思就把他们的“观念”、“习惯”培养好，就懒得花大力气在“管教”上；总会自私地想，如果勉强孩子按照自己所求学习，就得替他们的后半生“负责”。

所以最常对孩子说的话就是：

“看你自己想要怎么做就怎么做啦，反正是你自己的事！”

比较常做也爱做的事，是将和婆婆妈妈们闲谈交换来的信息“八卦”给他们听，或把报章、杂志、书籍、网络中看到的，觉得有趣或有用的，剪下来或以电子邮件发送给他们，让他们“参考参考”。

然后，让他们自己选择听不听或读不读。

唯一对他们比较严格的“管教”是——

决不允许“打混”，决定要做的事，就算打落牙齿和血吞，也要全力以赴地坚持做下去！

当女儿同时考上台湾的重点高校和上海中医药大学时，我替她分别找了就读那两所学校的学生，来跟她谈谈他们对自己学校的看法；甚至还搞迷信地带她找人卜卦……最后她选择到上海读书。

初来上海时，生活的便利性、气候、人际交往和课业学习，对台湾学生来说都是很大的挑战，但每当女儿对我抱怨时，我就会对她说：

“这是你的选择哟！”

半年过后，女儿很得意地对我说：

“妈妈，你知道吗？我是我们学校适应得最好的台湾生！”

当女儿到医院实习时，带她的老师用开玩笑的口吻，对与她同组的同学说：

“看到沈妮，我就看到了祖国统一在望的光明。”

因为女儿不仅不似许多台湾生那般的“娇贵”，甚至比一些大陆孩子表现得还要顽强。

自然，我也难免会如许多父母一般，有“心疼”自己孩子的心思，想伸手拉上她一把，让她走得较省力些，并希望她能“多听父母一点”。

幸而这份心思也被那随时“找茬”的女儿给骂醒了：

“你知不知道，你左一个为我好，右一个爸妈比较能帮上你，不就是把我给关起来，把我的眼睛给蒙上吗？”

是哦，我怎么没想到？我之所以能有今天，可以快乐自由地“享受”我的工作和生活，不全都是拜我爸妈从来没有“能力”帮衬我所赐吗？

曾请教一位种花的老农如何照顾腊梅时，他说：“经常把它拿到外面去给寒风吹吹冻冻，想起来时给它浇浇水，不要喂它什么肥料。总之，不要照顾就是最好的照顾！”

我听从了这老农的话，果然，我向他买的那棵腊梅，一朵花谢了另一朵又绽放，足足让我欣赏了三个月美丽的花色。

对于“祖国的花朵”——中国的孩子们，我们是否也该向老农学习——

不要过于辛勤照顾，不要让“爱”成为影响孩子学习成长的“碍”！

郜妈老实招

在施“管教之手”前，先扪心自问：

“真是为孩子好吗？还是想通过孩子，活出一个没有满足的自己？”

试着给自己和孩子“长大”的机会，从放手让孩子自己应付一些小考试，允许他有“小退步”开始，放手让他有跌倒的机会，让他从房子、车子、教室三个大笼子里“逃生”。

4 身高激增术

郜妈爱说笑

乌龟和兔子赛跑，枪声一响，兔子箭一般地不见了踪影。

乌龟则迈着短腿慢慢地往前爬。

半路上它遇见一只蜗牛，便停下来说：

“你爬到我背上来吧，我载你一程！”

后来又遇见一只毛毛虫，也让它爬到背上。

当乌龟正要迈开脚步继续爬时，蜗牛紧张地对毛毛虫说：

“你赶紧抓好，乌龟它爬得好快哟！”

郜妈侃一侃

当选优秀教师的大学同学，在庆功宴上提到他之所以能成为优秀教师，得感谢他的一位学生。

他说他刚做中学教师时，常听到邻座蔡老师夸赞他班上的7

号生。后来他担任蔡老师班上的语文教师，但在上课时，他发现这个 7 号生不仅不优秀，还是个捣蛋大王。

同学自责自己是否资历太浅，课教得不够好，才会让一个在优秀教师口中的尖子学生，变成一个问题学生。

他不好意思把自己的困惑说出来，只有想办法去鼓励 7 号生在课堂上多提问，在他习作本上写夸赞勉励的话，领着他去图书馆借书读书……而 7 号生也不负他的苦心，上课不再调皮捣蛋，课业成绩也有明显进步。

有一次在办公室批改作业时，他忍不住对蔡老师说：

“你班上的那个 7 号生真是个尖子生，难怪你提到他时会那么得意了！”

但蔡老师的回答却令他大吃一惊：

“我跟你夸赞的那个 7 号生，早就转学了。现在这个 7 号生是个被别的学校踢过来的不良生。他刚来的时候不好好学习，又老惹事，其他任课老师时常向我告状，让我头痛得不得了，但奇怪的是后来他慢慢变好了！”

我在当记者时，曾采访过一个被判重刑的囚犯，他对我说：

“若不是我爸爸对我的态度，我也不会走上这条路！”原来，他在小学第一次考试拿到第五名的成绩时，兴冲冲地拿成绩单回去给父亲签名。结果父亲在得知住在隔壁家的他同学考了第一名后，气愤地把他的成绩单扔到地上说：

“你为什么不能像人家一样考第一名？真是笨呀！”

他听了父亲的话，觉得自己真是笨得永远无法考第一。

他想，那就干脆拿倒数第一名吧！

反正不能做最好的第一，就做最坏的第一！

女儿在高二要选择读理科时，语文老师和班导师都劝她转读文法商科，说因为丈夫和我都不是读理工的，她不可能会有这方面的能力；但我因为看到她生化方面的成绩一直很优秀，所以坚持要她选读理科。

每次考试成绩出来时，虽然我都会指着她的生物和化学成绩说：

“好棒！是班上的尖子耶！”

但因为老师总是指着她的数学或物理说：

“成绩不行，要加油！”所以她仍觉自己差劲透了。

直到高考成绩出来，她看到成绩单，发现她的生物和化学拿了近满分，数学成绩也在中等，才知道被老师“看矮”了两年！

而有趣的是，自中学后就停止生长的她，在“拾回自信心”后的一年内，居然身高也跟着长了两公分！

这三件事给了我一些启思——

我们做父母师长的，是否在一味要求孩子好时，更应该先去肯定他的“好”，并带领他如何朝向“更好”走？

小时候，我的小玩伴们很爱玩一个“看鬼”的游戏，就是在地上挖一个洞，洞里放些头发、稻草啥的，然后再在洞口放上一块玻璃片，据说这样就可以看到生活在地下的鬼。

我极不喜欢玩这个游戏,因为每个人都能见着“鬼在洗衣服”、“鬼在打架”……只有我啥都没见着。

后来姐姐教我，只要心里去想鬼，眼睛就自然能见着鬼在做什么。

我于是依姐姐的话去“想”，果然在透过玻璃片往洞里望时，好似真能看见鬼在地下的活动情形了！

现在想想，我后来真的见到鬼了吗？

其实不然，我只是改变了我玩游戏的“观点”罢了！

美国哈佛大学一位名为罗伯特的教授，曾将学生分成三组，然后交给每组几只据说有不同智商的老鼠。

一组给的是“天才型”的，一组给的是“平凡型”的，一组给的是“笨蛋型”的，然后让这些老鼠走迷宫，到达终点的老鼠可以吃到奶酪。

他跟分到“天才型”老鼠的那组同学说：

“这群天才老鼠，将会很快地走出迷宫到达终点，所以你们一定要早早准备好许多奶酪来奖赏它们。”

对分到“平凡型”老鼠的那组同学说：

“这群智商普通的老鼠，大概只有一两只能够到达终点，所以你们只要准备一两只老鼠吃的分量就可以了。”

对分到“笨蛋型”老鼠那组的同学说：

“你们运气真差，分到的是最愚笨的老鼠。这群笨老鼠一定穿不过迷宫抵达终点，所以你们完全不需要准备什么奶酪。”

实验结果出来后，果然如罗伯特教授先前所料。但是接着教授却给了学生们一个让他们大吃一惊的答案——

那就是这些老鼠根本就是极普通的、没有经过任何一项智力测验的老鼠！

它们的表现之所以会有天壤之别，完全在于学生们受限于教授在他们心中所种下的那个“观点”，而影响到他们对待老鼠的态度，才形成老鼠后来优劣的表现。

可见“观点”的巨大影响力！

我们不能改变孩子天生的智力，也没有那通天的本事，可以改造他所处的大环境，那我们就努力去增加他们看待自己的宽度与高度吧！

郜妈老实招

理性评估孩子目前的能力，然后替他定立一个轻松努力后即可达成的目标，再慢慢地提高目标的高度。让他借由每次进步累积的信心，增加他看待自己的宽度与高度。

5 “成功”是“失败”的妈妈

郜妈爱说笑

老师：“在我人生的字典里，没有‘失败’这两个字……”

突然，底下传来羞怯的声音……

学生：“老师，我的借你……”

老师：“……”

郜妈侃一侃

我中学时成绩极差，毕业典礼时，班主任当着所有家长和同学的面对我父母说：

“如果你女儿能考上高中，我就跟你家姓郜！”

后来我发奋图强，利用考前最后一个月努力用功，考上了排名第三的学校。

儿子在考高中前的一个半月，他的老师劝他转考职业学校，因为他认为以儿子的成绩，一般高中他一定考不上。

我跟儿子提起自己在考高中前，所受到的老师的羞辱，然后用斩钉截铁的口吻对他说：

“我那时跟你一样大，而你又是我的儿子，一定遗传了我的智力和坚毅力，所以我办得到的事，相信你也一定能办得到！”

儿子在受到我的如此激励后，集中精力冲刺，考上当初我期望他考上的离家不远的重点高中。

蒋介石的大孙媳妇徐乃锦女士从二十岁嫁入蒋家后不到三年，她的丈夫就开始卧病在床，她可以说守了几十年的“活寡”。

加以蒋家在台湾的特殊地位，她既不可能离婚，也无法如一般家庭妇女般自由外出，连吐苦水的对象都难以找到，然而她却总是带着十分祥和喜乐的笑容。

有记者问她，面对如此多生命的折难，她是如何度过去的？

她露出一贯幸福的笑容说：

“因为我父母给了我一个非常快乐的童年，并教导我时时都要以顺服与热情的态度，来面对生活中所有好的或不好的事；去相信只要我选择快乐地度过这一天，我就能享受快乐的人生。”

可见父母教养孩子的“态度”，真的是一个能产生神奇力量的奇妙东西。

说到这，不得不感叹发明中国字的老祖宗们的智慧。

因为就拿“態”（“态”）这个字来看，是“能”加上“心”。

也就是说一个人的“心”，决定了他能否成为一个“有能力”的人。

“态度”也决定了一个人未来成就的“高度”。

台湾曾有一句广告词风靡一时：

认真的女人最美

因为，当一个人在认真完成某项事务时，他所表现出来的专注与自信，的确是会给人增添不同的风采与魅力。

人生中，有些事物是我们无法凭自己的意志作选择的，但我们可以选择决定，将心力专注于我们可以改变与掌握的事物，并用阳光的态度来面对它、转变它。

我经常爱跟旁人说起，女儿在七岁习琴时，练习艰难曲目受挫，虽然会沮丧哭泣，但很快就会擦干眼泪，去弹奏一首她熟悉的曲目给自己打气，然后再接再厉地继续练习。

有次我又在沾沾自喜地引这“故”事来自夸生了个高 EQ 的女儿时，一位在哈佛进修 MBA 的朋友给了我另一个新名词——AQ。

据他说所谓的 AQ，就是评估一个人在面对挫折时的忍受能力和处理能力。

一个人的 AQ 愈高，就愈能以乐观积极的心态去向困难挑战，发挥创意找出解决方案，能在愈挫愈勇下表现卓越。

相反地，AQ 低的人，则总是感到沮丧、迷失，处处抱怨，逃避挑战，缺乏创意，经常会半途而废、自暴自弃，最后一事无成。

这让我联想到曾看过一份对在跨国大公司担任总经理级的人的问卷调查。

其中80%的总经理表示自己能爬升到目前地位，并非具有什么高人一等的智力或才干，且没有一个人学习成绩是名列前茅的。

他们之所以能脱颖而出，全是仰靠长久以来所培养出——“正向面对困阻，永远自信”的习惯。

这使我想起以前看过的一张报纸，上面刊登了英国查理王子和曾与他同在贵族学校求学、后来沦落为街头乞丐的同学的合影——

这位出身金融世家，一直都读贵族名校，后来又成为著名作家的男人，因为良好的“家世”与光灿的“学历”，被很快推入成功名流阶层；却因婚姻失败和酗酒，沦落为街头游民。

将他从“天上”打落到“地下”的，并非他宣称的英国经济的不景气，而是他父母虽给了他财富、名声与良好的教育环境，却没有培养他积极向上、乐观面对挫折的心态。

家世与高学历，常被认为是开启成功之门的金钥匙，但试着去看国际上知名人士，如微软的老板比尔·盖茨、香港富豪李嘉诚、毛泽东主席……他们都没有显赫的家世与学历，而是凭借着一种坚持向上的阳光“心态”，来达到崇高的地位。

AQ 不但与我们的工作表现息息相关，更是决定一个人是否快乐的关键。

在未来大环境竞争越来越激烈的情况下，突发状况的发生机率更会大大提高，因此，如果不去斤斤计较那从娘胎里带来的 IQ，而想出对策来努力培养孩子的 AQ，该是为人父母者最应去思考的方向吧！

郜妈老实招

女儿在参加高考时，因粗心丢了二十多分，我在知道后不仅不去指责她，反而夸赞："哇，你真了不起，在知道丢了这么多分后，居然还能镇定地考完其他几科！"女儿说因为我这种"只看好不看坏"的态度，影响到她即使有再糟的表现，都能去想："有了这失败经验，下一回肯定会表现得更好！""嘿，耐力一定被提升了！"

所以不妨试着用幽默自嘲的口吻跟孩子说自己的糗事；避免用怨天尤人的口吻，夸大自己的"倒霉"。

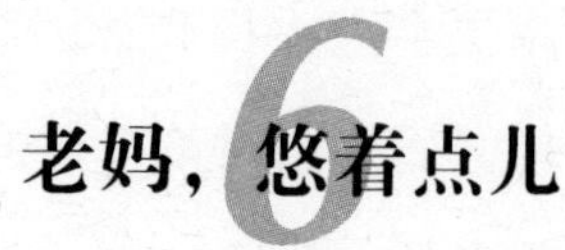

老妈，悠着点儿

郜妈爱说笑

妈妈：“小明，要你补英语是希望你不要输在起跑线上。”

小明：“我早就输在起跑线上了。”

妈妈：“你输了什么？”

小明：“遗传。”

郜妈侃一侃

“不要让孩子输在起跑线上”的广告语，目前成了大多数父母“唯恐误了孩子一生”的魔咒，强逼着父母用尽心思、倾尽财力，将最棒的、最精致的、最滋补的养分浇灌在孩子身上，深恐孩子会“先天失调，后天又培训不良”，一起步就落后于人。

因被“爱”盲了目，许多父母在教育子女这一块仍不免停留在“人云亦云”的迷信时代，一些听起来似发生在电视小品、相声里的“段子”，其实就在我们自家或旁人的生活中上演——

胡同里有个“张爸爸”，年过四十才总算做了爸爸。

“张爸爸”在喜得麟儿后，成了“育儿专家”，什么国内外的育儿新知他都能朗朗上口，并且“实践”在他儿子身上。

听说外国孩子都趴着睡觉，头和脸部才会“立体有型”，万一吐奶也不容易被噎到，孩子较不容易受惊……因此他儿子就采取黄土高原老农民“背朝天”的姿态在小床上趴着。

但当张小娃几乎要把中式“大饼脸”给趴成洋人的“长瓠瓜”时，“张爸爸”突然又把儿子来个“穷人大翻身”——改成仰睡，原因是某位外国医学专家警告：趴睡较仰睡易造成婴儿猝死症。

已经习惯趴睡的张小娃，哭闹了好些天才总算“认命”仰睡，但却仍不得安宁静息，因为“张爸爸”打从获知“小儿会睡着睡着就忘记呼吸”的新信息后，只要他在家，就不时会去捏一下儿子的鼻头，以测试他是否“暂时停止呼吸”。

张小娃经由这一番“父爱”的折腾，由一个原本“可以一觉睡到天亮”的乖宝宝，变成了一个经常会受惊大哭的“磨娘精”；小肉腿和圆胳膊，也一下子瘦去一大圈。

每个听到这事的人，都认为“张爸爸”肯定是个文化水平不高的民众,但对不起,这“张爸爸”可是个留美拿到双博士的“海龟”呢!

类似张爸爸这种听到雷就是雨的“早教先进分子”父母，其实还真不少，至少我也曾是。

曾在去美国出差时，买了一套据说是颇受美国父母欢迎，能“及早启发幼儿智力”，以英文字母和阿拉伯数字组成的积木与拼板的“教学玩具”。

买回来后，我拿着它跟仅会说几个中文单字的儿子摆弄了几回，在发现儿子对“啃”它们的兴趣，远远大过于辨认上面的字母和数字后，没有“孔夫子”精神的我，就以“孺子不可教也”的借口放弃了对儿子的“早教”，将这套“教学玩具”束之高阁。

后来看到美国的心理学家说，如果经常让 3 岁前的幼儿接触这类“教学玩具”，不仅无益“早教学习”，反而会导致孩子在潜意识里认为文字、数字都是“玩物”，影响到他后来的学习。不由得暗自庆幸,当时没太过“敬业称职”地去进行对儿子的早教,才没犯下揠苗助长的错误。

另外当自己还是“新手母亲”时，经常去听有关孩子教育的演讲。

某次在听到一位教育专家又提出了一套新教育法时，我实在忍不住了：

“一开始提倡不准打骂孩子，说只要多爱多称赞孩子，孩子就会开成好花好朵；后来又提出‘小树不扶大树不直’，认为从小就得给孩子立规矩，才能让他长大后不犯错误；可又有人反对严教严管，说只要提供给孩子一个学习环境，由他自由去思想、发现，选择他自己认为对的答案与行走的方向……个个说得头头是道，可累得我们做父母的，成了那骑驴进城的父子：怎么做都不对了……”

台底下听讲的父母们，立刻像炸了窝似的笑起来响应：

“到底该听你们哪个的？哪个才是正确的呢？”

专家到底是有能耐的，很快就化解了这尴尬场面：

“所有的教育理念都没错，但并不是用在每个孩子身上都管用，也不是每个父母都适合用同一种教育方式。所以观念归观念，真的要用到教育孩子上，还是得因材施教，且要看父母对这种教育法的认同，及坚持执行的程度如何。”

又说每个孩子天生性格、智愚皆不同，教养孩子就好比艺术家在搞塑造，父母无法依照着“别人家”孩子，甚至是自己“另一个”孩子的教养方式；更不能以赶时尚心理，认为只要“有样学样”，就能“治得住”、“养得好”！

我这下才总算弄明白了——

这世上根本不存在“有病治病，无病强身”，“只要照书养，自然就成才”的教子秘方仙丹。

只有生养孩子的父母，才是最懂得自己孩子的人，孩子究竟

"吃哪一套"，做父母的最清楚！

所以不管是照书养还是照猪养，做父母的都得用点儿心思，去琢磨出一套自己的"家规"。

郜妈老实招

千万不要为追求"培养速度"、"教育成果"，让孩子参加各种"班"去"迅速长大"。

7 妈妈请闭嘴

郜妈爱说笑

一个初犯的窃贼在得手赃物几天后，突然自动到警察局去自首。

审讯中警察不停地质问他："当铺中那么多值钱的东西，你为什么只拿了那些不值什么钱的货物？你的目的到底是什么？"

盗窃犯抓狂大叫起来："求求你闭嘴不要再问了好不好？我就是因为受不了我老婆一直在问我这话，所以才决定前来自首，好到牢里清静清静的，结果没想到你们又来提这茬！"

郜妈侃一侃

女儿过五岁生日时，要求的礼物是"一件有着长长、蓬蓬裙幅，像白雪公主穿的那种裙子"。

"贤"母我为满足女儿心愿，特别选了个黄道吉日，带她去童装店“血拼”。

原本打定主意完全遵从“民意”，任女儿挑选所爱，但在发现她的“品位”实在有问题时，就忍不住“碎碎念”了——

“妈妈觉得那件粉红色小碎花的，你穿起来比较好看耶！”

“难看，我喜欢它旁边那件。”

“拜托，那件缝了那么多层纱，像个蚊帐一样，你穿起来一定会像个移动的‘蒙古包’。”

“不会，我觉得穿起来一定像公主！”

“这东缝一个蝴蝶结，西挂一个小圆球，裙边还钉上一俗毙了的金色星星，像棵圣诞树一样！”

“我觉得它可爱！”

“你不觉得这大花大朵的，上面又缝了这么多俗气的亮片，穿起来很像唱野台戏的吗？土死了！”

“你这个年龄觉得土，我这个年龄却不觉得它土！”

女儿大概被我“碎碎念”得火大了，狗急跳墙地冒出一句超越她年龄的“毒”话，我被“哽”得愣了一下，并且悚然而惊——

当初拿来反驳父母、师长的话，竟然“现世报”地被女儿给用到我自己的身上了。

接下来又想——

人的观念、观看事物的角度，果然会随着年龄不同，而产生心灵上的差距吗？

还有——

我是为了让女儿欢喜，才带她来购买衣裙，既然是“为让她欢喜”，就是要“顺其心意”，让她择其所爱，为何反客为主，要她来“遵从我的心意”呢？

我如此在意女儿“穿得合不合我的眼光”，是否是基于想要一个能“摆得出去”并可以“证明”自己“够品位”的“活道具”的自私心念呢？

再更进一步地想，我自己不也是从“穿得像调色盘”一样，慢慢摸索学习到适宜的装扮吗？

我为何不能让女儿也能如我般，拥有“属于自己”应有的成长经历，而要用自己的框架，来“复制”一个自己呢？

曾和女儿一起合作一本书，我负责撰写文字，她绘插画。

和其他插画家配合作书时，我通常都是把完成的文字交给他们去阅读后，再开一次会作沟通，就全然交托给他们去构思绘图。

但是在跟女儿合作时，我在把文章交由她全盘看上一遍后，还不放心地又把全书各篇文章，一篇篇地再跟她讲述一遍；甚至在她绘图时，还像个牛皮糖般紧贴在她的书桌旁，以便随时能给她些“批评指教”。

女儿在不堪我不时“指点一二”的骚扰下，掷下画笔撂下狠话——

到底是你画还是我画啊？啰里吧唆的意见这么多！

我担心这“小鞭炮”被点燃了，会真给你来个“大罢工”，耽误了出书的进度，只好将自己的“高见”紧紧“锁”进嘴巴里，试着去做个观棋不语的“真君子”。

在看到她画的是羽冠鲜丽的公鸡，而非我所设想的肥嘟嘟的母鸡时，要忍！

在看到她画的寿司，迥异于我脑子里所构思的，那种日本料理店中卷得五颜六色的“花寿司”时，要忍！

在看到她画的冰淇淋，是麦当劳卖的那种蛋卷式的，而非我思维里的装在高脚玻璃杯里的，要忍！

但她画的旗子也不是我印象里的高高飘扬在旗竿上的四方旗帜，而是运动场里拉拉队爱用的三角旗，并且连飘扬的方向都南辕北辙时，我终于忍不住啦！

但——

最后还是只把嘴张开，叹了口气，什么话都没有说。

因为我发现，在我“关了”嘴巴后，我的“心眼”却因此开启了——

我“看见”了大人与小孩在面对同一件事情时，由于切入角度的差异而产生不同观点的趣味性，和让人眼睛为之一亮的创意。并惊讶于自以为很熟悉、了解自己的女儿，而她的内心世界里，竟然隐藏着我“视而不见”的情思。

我很庆幸，能有这被“强迫”学习做个“闭嘴妈妈”的机会。

郜妈老实招

如果希望孩子能成为你的“复制品”，就把自己当做“学习机”，不断对孩子重复播放着“照我这个方法去做”，准成！

孩子需要“子职教育”

郜妈爱说笑

一对母女在为婚礼日程的安排争执不下。

女儿气愤地说：“妈妈，这是我的婚礼，让我自己作决定好吗？而且在26年前，你毕竟也按照你自己的意思举办了一场婚礼。”

“不，亲爱的，”母亲说，“那场婚礼是按照我母亲的意思举办的。”

郜妈侃一侃

在阅读到多起杀亲、“啃亲”的新闻事件时，恰又在我的博客中，看到某位年轻网友，对我向为人父母者提出的不要将“孝顺”当“知识”来传授，而要当“常识”来八卦的观点提出质疑：

“唉，又是一个有功利心的妈妈！难道生孩子就是为了自己开心，为了自己老了有人照顾？如果他生在别的家庭，也许会更开心呢。又是应验了父母都是自私的。”

我忍不住回“呛”过去：“唉，又是一个欠缺‘子职教育’的孩子。”

这“反手一枪”所使用的子弹，是一个令那孩子感觉陌生的词汇“子职教育”，他被反击得一愣，忍不住问：

“‘子职教育’是什么？”

“‘子职教育’就是教育你们孩子去了解和学习做孩子应尽的职责。”

孩子应尽的职责是什么？

一是学习对自己的学业负责；

二是学习对自己的言语、行为负责。

那些让孩子犯下罪行的父母的确是“罪有应得”！

但罪不是在于未尽“亲职教育”，而是在于他们忽视了最重要的“子职教育”。

父母对儿女进行“子职教育”的最高准则又应该是什么呢？

向来是“内举不避亲”的女儿指着我说：

“很简单啊，就是只要和你一样‘够狠和够懒’就行。”

既然女儿把我推上了台，那我就来个“示范教学”吧。

先让大家来看看我女儿的日记——

今年我家有两个考生，一个是要考大学的哥哥，一个是要考中学的我，可是我的爸爸妈妈却一点“家有考生”的样子都没有。

爸爸依然在吃完晚饭后就外出打球，直至十一二点才回家，然后切一盘水果给他自己，“顺便”赏我几块吃。

妈妈呢，则是照往常一样，边看电视边摇她的呼啦圈做减肥运动。

当哥哥从图书馆读书回来后，妈和他闲聊了一番，替他煮点东西吃，也“顺便”问我要不要来一点，并叮咛我早一点睡觉后，就回房去睡她的大头觉了。

他们这种一副“考试不关我事”的轻松模样，和其他同学的爸妈相比，真是有点“没有善尽父母之责”的过分。但妈妈却很差劲地说：

“又不是我们做爸妈的要考试，我们又不能帮你们拿高分，为什么不能‘正常’地过日子？”

妈妈就是这样，老是讲一些不是道理的道理，做一些别人妈妈不会做的事，做这种“奇葩型”母亲的儿女，只有学习自立自强的本事，把自己的事管好，否则一定会死得很难看！

以上是对女儿学业部分的“子职教育”，对儿子的品德锻炼法，则如下——

进入青春期的儿子，有段时间跟他说话时，他往往表现出爱理不理的模样。

虽然明明知道这个年纪的孩子多半都是这种“欠揍”的德行，但是当他的“青春期”恰好碰上我的“更年期”时，我仍会耐不住情绪。

几次发誓再也不自讨没趣地对他嘘寒问暖，却总是在信誓旦旦后不久，便又前嫌尽弃地对他婆婆妈妈起来。儿子吃准了我这种“说的比做的狠”的行事作风，因此对待我的态度就晴晴雨雨任由他少爷高兴。

一次他放学迟归，我提醒他下次如要晚归，记得打电话回家以免我们担心。儿子不仅没应诺，还对我大吼道：“你有完没完啊！”

我被他暴烈的言行给吓了一大跳，半天才回过神来，立马河东狮吼回去：

“好，如果你把我对你的关心当作讨厌的事；如果你希望我把你看作空气，对你所做的一切事都不闻不问的话，我可以如你的意去做！”

向儿子“宣战”后，我下定决心，这次一定要“抗战到底”——

不再跟他说话、不再对他投注“关爱的眼神”、开饭时也不再去“叫饭”、不再替他送水送点心、不做他随传随到的“眼睛按摩机”、不叮咛他早点休息多穿衣服、不做他的“妈妈闹钟”……

总之，只要拿出以前自己做女儿时，对付自己父母的那份狠劲，决不心慈手软，我就不相信他的青春期能“牛”得过我的更年期！

“冷战”进行到第二天清晨时，儿子发现老妈我这次居然“玩真的”了，便转动脑筋想用“激将法”来逼我重蹈覆辙。

他故意让闹钟响得震天，以为我会如以往般忍耐不住冲进他房里喊他起床，却未料我却没任何动作，儿子不得不心不甘情不愿地起床。

在刷牙洗脸后，他看到餐桌上既没有早餐也没有他的午餐饭盒，更不见恭敬如仆役般的妈妈，只好饿着肚子默默出门。

当天晚餐时，他一改往日需三催四请才满脸无奈上桌用餐的“少爷”模样，还自动“降尊”至厨房干起拿碗筷铺餐巾纸的“老爸活”，并向我谄媚道：

“妈妈今天做什么好吃的东西给我们吃呀？好香哟！”

我却仿着他这些日子对待我的“死样”，让眼睛“暂盲”、耳朵“暂聋”，眼不抬、嘴不响地把他当作“空气”。

儿子尴尬地在我身旁一句一句地找话来逗我开口，我就是对他不理不睬。

儿子着急了，带着哭腔说：

“妈妈，我跟你说话，你却不理我，让我好难过呀！”

我这才冷冷地开口说：

“你也知道这滋味不好受了吧？这也就是这些日子以来，我跟你相处的感受！”

一群婆妈朋友，在知道我居然“这把年纪”了，不仅跟孩子斗气，还用“饿孩子”的损招后，纷纷指责我的不是：

“孩子年纪小不懂得去控制自己的情绪，我们做父母的要多包容。”

“孩子他们学习压力大，我们做父母的要懂得去体贴。”

“哪有这样惹你生气了，就不去为孩子做那‘该做’的事，万一他真跟你杠上了，就是不起床上学，你不急吗？”

我不仅不服劝，还跟这群婆妈们展开舌战：

“我能接受他可以有自己的情绪，但我要让他明白，即使亲如父母，若没得罪你，就没义务要看你脸色的做人道理。”

“谁没有压力？我们做父母的压力比孩子小吗？如果连这一点学习的压力都不懂得如何去排解，动不动就要人‘秀秀’（安慰），长大了不就成了个一压就扁的‘面人’！”

“自己按时起床上学，不该是我做妈的事；若因此上学迟到或旷课，受老师处罚的也是他不是我，我急什么？”

结果儿子经此“震撼教育”后，开始意识到，即使一向把他捧在手掌心的娘，也会有“情绪杠上情绪”的时候，从而学会如何去管制自己的坏情绪，使其不影响和伤害到旁人的责任心，并培养出“己所不欲勿施于人”的体贴心。

“子职教育”表面上看起来是在教导孩子“孝顺父母”，但深一层的作用，其实是在帮助孩子学习对自己的人生负责，培养孩子成为一个拥有良好 EQ 的人。

而“以其人之道还治其人之身”的“子职教育”，虽然看似旁门左道了些，但在一些非常时期，倒不失为一帖“猛药”。就像唐僧管教孙悟空的那道紧箍咒，手段稍嫌毒辣，可是对付泼猴子时，只有行这套。

郜妈老实招

不要让自己成为孩子的“左右手”，全包下孩子一切生活、学习所需；也不让自己成为处处要“仰看”子女脸色行事的“下人”。

第三章
赢家小孩在我家

“好玩”和“用得上”，才是能学好的主动力，而用逼迫的方式，让孩子以死背强记来拿高分，只会坏了孩子的“学习胃口”。

在未来的世界里，具有“积极、主动”学习热忱的人，才能“跟得上时代脚步”，在社会上立足。一个只会背诵知识，如算盘珠子般拨一拨才动一动，等着旁人替他拿主意作决定的人，在进入社会后就算不遭人欺负，也不会受到提拔重视。

1 你是什么“座”的？

郜妈爱说笑

喜欢思考的射手座问：“爸爸，为什么你有那么多白头发？”

爸爸：“因为你不乖，所以爸爸有好多白头发啊。”

射手座：“那为什么爷爷全部都是白头发？”

爸爸：！@#$%〈&*……

郜妈侃一侃

女儿在餐桌上问我：

“妈妈，你是什么座的？”

正在为身上又多出几斤肥肉而烦恼的我，没好气地回答：“什么‘做’的，肥肉做的啦！”女儿听了笑倒在地。

“哎呀，我问的是星座啦！我们班上现在很流行从星座来看人的个性，超准！”

好奇地向女儿借来那本星座书，先翻到自己的星座那一页——

嗯，写得真是有够准，尤其是那有关优点的部分，让人不由得要发出惊叹：

“真是知音啊，居然能发掘我隐而未被人所察觉之‘美质’！”

再看看儿子和女儿的星座，更是不由得拍案叫绝——

这星座在分析个性上，还真有它的神妙之处呢！

其实做了儿女这么多年的妈，对于他们性格上的优缺点，虽不敢说是百分之百的了解，但也能抓个八九不离十。不过在没见到这些星座专家们白纸黑字的分析前，还真没去仔细琢磨过——

同为一个爹娘所生，但钟鼎山林却天生各有其性，想要沟通无障碍，还真得先弄清楚“怎么个顺毛摸法”。

在知道儿子的狮子座是那种虚荣心极强，特重视“别人眼中的自己”后，要对他进“忠言”时，我就改变以往单刀直入的方式，而采取“先戴高帽子”，夸得他晕晕乎乎后，再轻描淡写地加上一句：

“如果你能……就会更好更棒啦！”

前面就算有个火圈，儿子这头狮子也会为维持“万兽之王”的完美形象，心甘情愿地跳过去。

在得知女儿的不爱运动，不单纯是因为懒，还和她的金牛座有关后，也就可以将这与她的单眼皮般视作“由娘胎里带来”的，而心平气和地予以包容。

同时星座书也解开了多年来我对女儿“从来没有因为闹情绪而罢吃，但却会因为没有吃饱吃好而闹情绪”的疑惑……原来都是她的“牛性使然”呀！

最棒的是找出了治她的法宝——以金钱作赏罚（因为金牛座超爱钱）。

考得好，有赏！房间乱，罚钱！……超级有效。

从此，星座书便成了我“识人”的秘密宝典。

在与旁人发生沟通障碍时，我就会去翻翻星座书，瞧瞧书中对这种星座性格的描述并用来作参考，让自己设身处“座”地去思考——

“这一个‘座’的人会吃哪一套？他的这些言行，全然是一种性格上的自然反射，藏于这些言行后面所隐含的真实面又是什么？”然后再谋思出对应之道。

现在，我成了一个很爱问人家“你是什么‘座’”的人。

我绝不是搞迷信，而是——

只想多了解你一点。

郜妈老实招

就如同“算命”、“皮质测验”、EQ 测试……星座只是一种让父母了解孩子“另一面”的方法之一，只能作参考，不能全然相信。

2 行不行，得先找对“型”

郜妈爱说笑

老师问在上课时总是不停地在座位上动来动去的阿耀：

“你长大后想要做什么？”

阿耀：“开飞机。”“嗯，挺好！”老师说，“但至少你现在得先学会，用安全带把自己给扣紧在座位上啊！”

郜妈侃一侃

要不注意到“爱爸爸”，并不是一件简单的事。

“爱爸爸”并不姓“爱”，他那优秀的儿子也不姓“爱”，但是只要你看过“爱爸爸”，就会发现他简直就是创立相对论的爱因斯坦的翻版。

“爱爸爸”有一头跟爱因斯坦一模一样的灰白乱发。如果在跟他有一点认识后，你会更加相信——“爱爸爸”绝绝对对与爱因斯坦有“基因关系”！

因为，他们对“实验研究”有同样疯狂的热情。

只不过，爱因斯坦专注的是科学上的“实验研究”，“爱爸爸”专注的却是对儿子学习上的“实验研究”。

“爱爸爸”是如何对儿子的学习进行“实验研究”的呢？先得从他做爸爸的“背景”说起。

到了56岁才好不容易“老蚌生珠”，哦不！应该是“老来得子”的“爱爸爸”，很重视专家们所说的“孩子的童年只有一个，不能重新来过”，和推销奶粉的广告词——不要让孩子输在起跑线上，于是作出一个重大的决定——

辞掉工作回家做奶爸！

“爱爸爸”辞掉的工作可不是普通的工作，而是月收入有十来万、上下班有司机替他开车、进办公室时会有好多人站起来向他鞠躬的总——经——理哟！

“爱爸爸”辞职后，把管理大公司的那一套拿来管理他儿子，从喂奶、洗澡、上厕所、睡觉……这些生活习惯的训练，到何时该放什么音乐、读怎样的书籍、玩什么游戏、做什么运动……德智体方面的培育，都是一套套地先拟企划，再沙盘推演、实际执行。

可是他那儿子“小爱爱”也像爱因斯坦所研究的科学项目般，总是“计划赶不上变化”。

“小爱爱”在上幼儿园不到一个星期，就遭到幼儿园老师的“退货”,因为他打遍园中无敌手,许多孩子都被他打得不愿来上学了。

爱爸爸牵着被老师视作“不良品”的儿子，连续转了几家幼儿园，也通通过不了“试用期”。

因为“小爱爱”总是无法像其他孩子般能乖乖坐着，而是喜欢站起来跑跑跳跳、东摸西摸和找人讲话，这样“惹人烦”的举动，自然会让小朋友不爽，很容易就引起先动口再动手的混乱。

有好几位老师都跟他说：“带你儿子去看小儿心理医生吧，他一定有多动症。”

伤心却不死心的爱爸爸坚信自己的孩子没有“多动症”，只是比一般孩子活泼顽皮了一点。为了证实他自己的想法，他还是带孩子去看了小儿心理医生。

结果不看不知道，一看就明了，原来他家“小爱爱”的类型，不是一般学校喜欢的传统的乖宝宝类型,“小爱爱”是属于那种“动觉型”的孩子。

这种“动觉型”的孩子，必须通过身体的活动和直接的参与来学习，所以他们往往会“不安于座”。

另外还有“视觉型”——

喜欢看图画、表格或影片来学习。

“听觉型”——

偏爱以听录音带、演讲、辩论或口语教学来学习。

郜妈老实招

此三种类型并非完全不相干，通常一个人身上会同时显现三种类型，不过若再仔细观察会发现多数小孩还是会偏爱某种学习方式。

最棒的学习法是多重感官学习，运用大脑不同区域，全体总动员地来学习。

也就是像一边阅读课文，一边用录音机放出声音，一边再边走边念，或是加入亲子的互动讨论，充分利用眼、耳与身体三合一的学习。

3 练好学习基本功

郜妈爱说笑

甲："你的儿子数学程度如何？"

乙："数一数二！"

甲："我儿子也是数一数二，数到三就不成了！"

郜妈侃一侃

一个在学校担任语文课老师的朋友，经常用电邮传来一些学生写的"奇文"，我在惊叹这些孩子的"创造奇想力"，和秉持着"独乐乐不如众乐乐"理念之余，便又转传给其他朋友，没料到引发了许多朋友对"现在台湾年轻一代的语文水准真是超低"的慨叹。

为了挽救台湾孩子的语文能力，教育单位提出了"恢复中学基础测验加考作文"的改革政策。

这个政策一经推出，立刻在家长群里引起一阵鸡飞狗跳，一个有生意眼光的朋友，从中嗅到了商机——开作文考前冲刺班。

有一位朋友甚至还把台湾作文补习班里教的那套带到大陆，

将“事业版图”扩展到了福州，连开了好几家连锁店而大发其财。

我好奇作文能有什么考前冲刺法。

朋友说：“简单，只要教学生把握两个作文原则就好。”

这两个作文原则就是——

文章中多引用名言锦句，长度一定要超过500字。

听起来似乎言之有理，但想想自己在担任文学奖评审时，好像特烦那些引自于某某大人物的“名言锦句”。

其他评审老师也同样认为，别人的话说得再好，也是人家说的，我们想要看的是个人的观点。

还有，要批阅的卷子不少，谁有耐心去看那为达“以量致胜”，而在用词遣字上灌水的文章啊。

而上网去看了看往年得6级最高分的作文范例，发现有不少是字数不到500的，文章中不仅没有引用任何名言，用字也十分的浅显易懂。

担任基测阅卷的教师也说：“那些开头就引孔孟先贤的话，再引什么《赤壁赋》《水调歌头》等古文中的名句的文章，一看就是补习班教出来的，我们阅卷老师通常都不会给高分。”

反之，那种“能写出自己内心情感，让人读了有所感应”，跟阅卷老师“搏感情”的，只要“文字流畅”，不需“文字华美”的文章，则多半会得到高分。

不过家长们还是迷信“补习班”能提升孩子的作文成绩，即便就算不十分相信，也多半还是抱着“补安心”的心态将孩子送去。

而对于我的“作文也要补习”的质疑，得到的响应是：

“我们又不像你，因为是作家，孩子就算没得到好遗传因子，你也可以教他们怎样写好作文。”

“因为有个作家母亲，所以孩子的作文应该比别人写得好。”

这种想当然的说法，让我的一双儿女在求学时代被“赶鸭子上架”似的参加了许多次作文比赛。

因为老师认为，做娘的我一定不会坐视孩子败北，而会拿出一些“传内不传外”的“作文必胜秘招”来让儿女作文得高分。

虽然儿女果然如老师所预想，在作文比赛中有好的成绩表现，但做娘的在分享儿女所得的荣誉时，心里不免有些暗自惭愧——

我真的没有私传给他们什么了不起的“作文技巧”，我只不过是打从他们一出生，就喜欢跟他们一起看书，把那一本本的书，当成三餐、点心加夜宵似的“喂”给孩子罢了。

当儿女都还是小 BB 时，爱看书的我就经常手持一卷书陪伴他们，也买了许多小娃娃书来给他们当“玩具”，儿子甚至连洗澡都要带本书（当然那本书是塑料的）。

儿女最喜欢的一本书，是完全没有文字，全由一幅幅图画组成的《小象旦旦》。每当“晚安故事”时间，如果让他们选书来跟妈妈一起读，他们一定会选《小象旦旦》，因为这本书不能“打马虎眼地照念”，他们可以和妈妈一起来“编故事”，发挥个人的想象力与使用不同语汇，是“大家一起讲故事”。

儿子在进入小一时，班上其他小朋友都已经“不输在起跑线上”地会读、会写注音符号，连“学前加强班”都没参加过的女儿，在连续拿了四个星期“拼音最后一名”后，我被老师叫去学校“关心”。

我在觉得着急、丢脸下，改变“喂食”习惯，开始以“练习拼音书写”作为“三餐主食”，“共读故事书”缩为夜宵。

某天，女儿在写完那 10 遍的拼音练习后，哭兮兮地对我说：

“妈妈，我现在看到字就想吐，我不想读书学习了。”

闻言我大吃一惊，那个连洗澡都要带本书的小娃，怎么被我“培养”成了一个厌恶读书学习的孩子？

我竟成了个助纣为虐，杀了孩子学习热忱，坏了他“读书胃口”的妈妈。

我再次修改我“喂食”的方式——减少“灌食型”的“拼音书写练习”，好让女儿仍能保有“吃点心”的胃口。

女儿用自己的“速度”，在三个月后跟上了其他同学，且说得一口比其他同学还要纯正的普通话（我虽是播音员，但从未给孩子上过“正音训练”）；在听到一些较“典雅”的用语时，不会像大多数同龄孩子那样，显现出“你说什么我听不懂”的痴呆状；在校期间，语文成绩则一直维持中上水平……

儿女同学的妈妈们都曾好奇地问我，是怎么教导孩子学好语文的，我的回答都是——

我真的什么都没教孩子，我只是陪他们一起读书，和他们一起说故事而已。

她们都不相信仅此而已，齐说：

“那怎么可能？！”

培养孩子的阅读习惯除了可以让孩子轻松学好语文外，在小学担任老师的侄女，还跟我讲了件让人觉得不可思议的事，就是通常喜欢阅读的孩子，不仅语文读与写成绩都不错，数学的成绩也都不赖。

因为，许多孩子数学不好，不是因为不熟练演算，而是由于“看不懂题目”。

这点我颇有体悟，我的两个孩子从来都没有上过什么心算班、珠算班、奥数班，一、二年级数学课只教数字演算时，成绩表现得并不出色，因为他们没那些去补习的同学算得快。

但是等到升上三年级，数学开始有了所谓的“应用题”后，“读过书”的他们的成绩表现，就比那些只补习演算，却缺少阅读的孩子好得多了，因为他们“读得懂题目”；还有花在读懂题目上的时间，比其他同学少；以及上课时老师说什么他们也比较听得懂。

真庆幸我把钱拿来给孩子买书，而不是送他们去学心算。

郜妈老实招

孩子才几个月大时，我就将每天临睡前一起读书变成一种

“习惯”。

一到要上床睡觉的时间，我或丈夫就充当故事妈妈或爸爸，和孩子一起阅读一本书。

丈夫跟孩子一起阅读时，还常干“不照本宣科”的事，总是胡乱自编故事，孩子不仅不以为意，还挺欣赏这种天马行空的阅读方式呢。

除了让孩子喜欢阅读外，还可以利用一些游戏，让孩子用文字或语言描述一件事或感觉。

例如带孩子外出时，可以要求孩子观察在路上所看到的新奇有趣的人或事，回来后，年纪小的用说，会写字的就用写来作描述；品尝食物时，也可以让孩子使用各种形容词或比喻法来描述食物的味道和吃的感觉；制作一个“恐怖箱”，让孩子将手伸进去摸里面的东西，或是将孩子的眼睛蒙起来，给他一个东西去触摸，然后用语言或文字来描述自己触摸的感觉……这些都能增强孩子表达感受的能力。

另外，鼓励孩子写日记也是一个不错的方法。

4 开开心心学英文

郜妈爱说笑

一个学了多年英文都学不好的台湾学生，经过长久的努力，终于学会了“hello”并记住了26个英文字母，于是很高兴地在街上拦住一个外国人对他说：“Hello！ABCDEFG……Z”那个外国人瞪大眼睛、张大嘴听他把26个英文字母念完，然后清清喉咙缓缓地对这个学生说：“你好！ㄅㄆㄇㄈㄉㄊㄋㄌ……（台湾的注音符号）”

郜妈侃一侃

丈夫的外国客户要来家用餐，我紧张万分。不是担心所烹饪的食物是否合他口味，而是害怕如何以一口破英文和他应对。

于是连忙翻出《英文日常用语100句》来临时抱佛脚一番，可是在与那老外客人相见时，却仍是紧张得只能以“Thankyou”含糊应对。

儿女由学校返家时，我将自己白天在老外面前出糗的事告诉他们，两个孩子听了可乐坏了，尤其是平日深觉饱受“母后淫威”的儿子,更是乐不可支,干脆就开始以“Thank you 妈妈”来称呼我。

此事过后不久，我独自一人带两个孩子去美国探望妹妹，临行前又是抱着本《旅行英语》大 K 一通，结果在进美国海关时，第一句话还能勉强对付，第二句话就挤眼抓耳地半天回答不出，最后总算在比手画脚下过了关。

当我擦着满头急出来的大汗时，十四岁的儿子问我：“妈妈，刚才那叔叔问你回程机票的事，你没听懂吗？”

我奇怪地反问：“你怎么知道他问我什么？”

“因为我听得懂呀！”

“好小子，你听懂了不知道帮妈妈作翻译，害我出大糗！”我气死了，大声嚷嚷地斥责他。

儿子就此爱上了这个“能让自己有机会比妈妈棒”，能让自己显得“有用”的英文。

事后我不无感慨地跟朋友说起语言学习的重要，并且将我英文不灵光的责任推卸到父亲的“揠苗助长”上。

由于父亲有感于自己英文不好而影响到他职位的升迁，所以在听了“学英文要从娃娃抓起”后，立刻请了他的随从副官来替我补习英文。那副官说的是一口“湖南腔英文”，教授的方法又极古板无趣，就此种下我对英文“不好玩又不好听”的印象。

在座众人皆点头赞同，因为大家都是在“英文是用来考试的，不是学来讲话的”教育体制下成长的，所以学了十几年的英文，却都有不能或不敢开口，“看到外国人像看到鬼一样”避之唯恐不及的窘遇。

一位朋友就说起他那只会几个英文单句，但却很敢“秀”的母亲，如何帮助他突破“会写不敢讲”的英语困境。

他母亲不论在任何场合，只要见到有老外，都会主动上前攀谈。

他就问母亲：“你从不担心你的那口破英文，老外能听得懂吗？”

“他的中文比我的英文还要破呀！”他母亲振振有词地回答道。

母亲这“敢说才能学习”的态度，就此扭转了他“一定要语法正确才敢说出口”的观念。

一位从未送孩子出国游学，或上过任何语言补习班，但两个孩子的英文，却是说写能力都“呱呱叫”的朋友，说起她家学习英文的“家教”——

由于曾听语言专家说语言的自然学习阶段应是由听、说再读后写，所以夫妻俩虽然英文都不怎么高明，尤其是做丈夫的说的那口“台湾国语式的英文”，更是让人觉得听他说英语时，会误以为他在说台语。

不过她丈夫却以“老莱子娱亲”的精神，以英语有声教材搭配他搞笑、耍宝的演出，来对孩子进行“英语教学”。

由于极具娱乐效果，所以，在她家里，“听爸爸上英语课”是件很令孩子期待的事。

有一次，她丈夫为了想让孩子学会男女穿着配饰的英文用语，鼓动她一起演出“男女便装秀”，把孩子逗得笑倒一地。

在欢笑声中，孩子很快就学会了那些英文用语。

郜妈老实招

在中国，生活中能用到英语的机会不多，因此会造成许多孩子“反正现在用不到，为什么要去用功学”的想法。

所以如果经济条件允许，最好能带孩子出国，即便是参加旅行团，也要让孩子在出国期间，试着去麦当劳、卖旅游纪念品的商店、百货公司……买他想要吃的食物或礼品、玩具，让他有用英文对话的机会。

这个“学英文真有用”的经验，往往会带动孩子学习的热忱，比父母说一百遍“英文学习很重要”还要来得有效。

还可以用各种“好玩”的方式来作引导，如用一起玩英语字母接龙游戏、唱英文歌、看英语故事片等不同的方式，来制造开口说英语的机会。

后来在一本教育书上，看到一位幼稚园的园长萧爱莲女士，她给那些对自己的英文没有信心，认为自己无法帮助孩子学好英文的家长一个极好的建议——就是让孩子当家长的英文小老师。

向孩子承认自己英语不好，要孩子在校努力学习，回来教妈妈。

当孩子做老师时，妈妈也要认真地跟着念和写，让孩子觉得很有成就感，自然会认真学习。

另外当妈妈跟孩子学习的时候，就可以发现孩子在学校有没有听懂，如果发现孩子有不清楚的地方，就要求孩子回学校再请问老师，弄明白了回来再教妈妈。

同时为了弥补家长不能教导的缺憾，家里应该有充足的影音多媒体教材，让孩子可以自然接触到正确的英文发音，营造出全家一起来学英语的环境。

5 动手学好自然科学

郜妈爱说笑

新婚丈夫看到妻子站在洗衣机前着急地翻看食谱。

“亲爱的，你在找哪道菜的做法吗？”

“不是，我在找‘换洗衣服要怎么煮干净’。”

郜妈侃一侃

看到小学附近的小商店在贩售一盒盒配置着几片桑叶的黑米线般的“蚕宝宝”，我知道那一定又是小学老师在布置“自然学习课”作业了。

不知道从何时开始，台湾小学的自然课除了增添“化学研究实验”课程外，还多了样最后往往变成“爸爸妈妈功课”的“生物观察”课业。

这些课业的内容有养蚕宝宝、养蚯蚓、发绿豆芽……总之是可以观察到生命转变的生物。

孩子通常都会兴致勃勃地接下如此“好玩”的功课，但三分钟热度过后，往往这项功课就成了父母的“重担”。

像我一位住在“水泥丛林”里的朋友，就曾三更半夜开车进山里，去帮儿子挖第二天要带到学校做“生物观察”的蚯蚓。

养蚕宝宝更是许多家长的噩梦，因为要将那黑米线般的小蚕娃娃，培育成手指粗的蚕妈妈，要耗去的桑叶可不少。

那些蚕宝宝可会吃了，白天晚上都不住嘴沙沙沙地嚼个不停，那些桑叶都得是鲜嫩的，需把叶上的水珠给小心擦拭去，否则蚕宝宝吃了会拉肚子死掉的；吃得多自然拉得也多，所以还得不时替它们打扫居处……总之如此需耐心之外还是耐心的工作，一般孩子哪有那恒心。

因此，最后往往会看见爸爸妈妈们为了“养孩子要养的蚕宝宝”，贼头贼脑地去攀摘陌生人家的桑叶，小心翼翼地喂养蚕宝宝，以免蚕宝宝“寿未终就正寝”了，孩子会大声哭闹：“讨厌妈妈，把‘我的’蚕宝宝给养死了！”还得替蚕宝宝做成长记录，否则这项课业就拿不着高分。好不容易蚕宝宝结茧、孵化成蛾，生下了一粒粒打碎的黑芝麻般的小卵，卵孵出了小蚕宝宝，这项“家庭作业”才算可以让孩子带到学校交差。

课业交差后的当天，小蚕宝宝又被小朋友捧回家来，然后扔在玄关、客厅桌上或书桌上，“要不要小蚕宝宝继续活下去”的这烫手山芋，继续扔给了父母。

我姐姐的公公，就为了替孙子收拾这烂摊子，把一个房间变成了“蚕宝宝生养抚育所”，亲友们都收过这个“抚育所”出产的蚕丝商品——扇子、斗笠等。

记忆中，我好像没有如此“打拼”地为两个孩子做过“生物观察”作业。这大概跟我在孩子心目中“建立”的粗手笨脚少根筋的形象有关。

“还是自己做比较保险”是两个孩子共同的想法，尤其是女儿。

因为我可是有前科在身的——

某天我在闲得没事干时，看了会儿女儿做“缝娃娃”的作业，居然瞧出了兴味，她在挨不过我苦苦请求下，交了一只娃娃手给我缝。

结果当我得意地将成品交给女儿时，她气得差点没去撞墙——

我居然把正面给缝成了反面，还因为“已经过完瘾”了，而抵死不肯将这“不良品”给拆回原来的“材料”！

比我还要“只有三分钟热度”、“天兵”的丈夫就更别说了，儿女在“娘不能靠、爹更不可靠”如同“孤儿”的情况下，所有需“动手、动脑”做的课业都得去“自作自受”。

女儿在需要“动手做实验”的生物和化学这两个科目上，成绩一直很优秀；儿子的数学和物理则一直是他的强项，不知是否跟我们这两个“不才”的父母有关。

因为丈夫和我一学商一学文，都不可能“遗传”给兄妹俩什么“好基因”。

这大概就是台语所谓的“歹竹出好笋”吧。

郜妈老实招

当你要赖承认自己愚笨,不去“督导”孩子照着“聪明办法”学习，让孩子接受“没人靠只有靠自己”的事实后，他们自会琢磨出一套聪明学习的“脑力体操”。

6 美国小朋友的数学课

郜妈爱说笑

上数学课时老师问小龙：

“如果你妈妈欠鱼贩80元，欠肉贩96元，欠米店23元，欠电器行256元，那么她总共需付多少元呢？”

“一毛也不必付，因为我们老搬家！”

郜妈侃一侃

定居美国的妹妹带她读中学的儿子Leo回台湾度假时，Leo无意间看到他读小四的表弟的数学课本，吓得瞠目结舌说：

“好险，幸亏我没在台湾读书。”

因为台湾小四的数学，教的就是美国中学生所需了解的内容。

难怪朋友在台湾数学成绩总是不及格的女儿，跟着去美国做交换学者的父亲到美国读书，居然能“咸鱼翻身”成为班上数学的“尖子生”。

据说这是“美国奇迹”——

因为在国内数学成绩再阿猫阿狗的中国学生，入了美国学校，都能摇身一变成龙成凤！

第一次去美国，是在计算机还没普遍被利用之前，在小商场购物时忍不住窃笑：

“美国人算钱真是笨啊！”

因为美国人算钱的方式，是把你给他的钱摊成一桌，然后再一五一十地取去你所买东西的金额。

不像中国的小贩，脑筋里似乎装了个电子计算机，滴滴答答地三五下就算出了该找的钱，甚至还会偷偷地再多减去些“毛利”哩。

当时心里就有个疑问出来——

真是，加减乘除都算不过中国小贩的美国人，居然还能培养出这么多优秀的科学家、经济大师、经营之神……真是莫名其妙！

这个疑惑直到被妹妹领去逛农牧品集市，巧遇一群由老师率领着，手握着长纸条来购物的小学生才被解开。

我好奇地请那些小孩给我看看那些长纸条，发现那些纸条上面，印有10分、20分、30分、40分、50分的数字。

妹妹说这些小朋友是在上“数学课”和“理财课”，学校让他们借着跟小贩的交易，来学习辨认不同的数字，学会加减，并了解不同种类或分量的东西所富含的不同金钱价值。

这堂“美国小朋友的数学课”让我恍然大悟：自认为数学很不错，考试时看见任何鸡兔与其他乱七八糟动物同笼，都可以不少算或多加上一只脚的我，为何在“算钱”时，就会头脑不清；我的理财专员，他的数学成绩一团糟，在投资理财上的眼光却精准独到。

我同时也茅塞顿开——

学数学和学任何学科，最重要也是最根本的目的，就是能“增加生活和工作能力”，也就是让“所学能有所用”。

而能“用得上”才是维持“学习热情”的最大动力啊！

郜妈老实招

带孩子去逛卖场，交给他“管理钱包”的任务，会是一堂很好的“数学和理财课”。

可以在逛卖场前，先列出欲购买之物品，然后将这张单子交由孩子保管，并由他记下物品价钱和予以结算，将钱交由他来付账；出外用餐和全家外出游玩时，也可比照此法，先提出个预算金额，然后交由“小财务大臣”来记账和控制消费。

也可以利用掷骰子、玩麻将、玩大富翁等游戏，来让孩子理解代数中的“或然率”和建立“投资报酬率”概念。

7 该不该给孩子零用钱？

郜妈爱说笑

师："大为，如果你左边的口袋有200元，右边的口袋有32元，那么你总共有多少钱呢？"

大为："那一定不是我的裤子！"

郜妈侃一侃

女儿读大五的寒假，因为要留医院实习，我们一家人便从台湾来上海陪她过年。

由于是第一次在大陆过年，弄不清楚给孩子的红包到底该包多少钱，为了避免失礼，赶紧偷偷去问一位相熟的大陆朋友。

结果一问吓一跳，朋友给小孩的红包，都是2000元起跳！

"这压岁钱只是给孩子'过过手'，父母都会收回去的。"

"孩子没有抗议过，或是不肯把阿姨叔叔们给的红包交出来吗？"

"有啊，在她还弄不清楚100元和10元的差别前，我们就用

10元钞票来‘偷天换日’，但自从她上了小三后，就比较难骗了；上了中学后，她会说‘这是奶奶、阿姨、叔叔给我的压岁钱’，任我们怎么说那钱是要留来交学费的，她都不肯交还给我们呢，真是令人伤脑筋。”

父母“骗孩子压岁钱”的招数，都是如出一辙！因为父母在压岁钱所有权的观念上，就是将孩子和银行职员列于同等地位——过路财神罢了。

女儿将这“看得着但用不着”的银行存款，称做“挂在驴头前的那根胡萝卜”，联合她哥哥和我打了几年的“压岁钱保卫战”，终于在两人分别入了高中和大学后，成功地夺回了他们对压岁钱的所有权。

为避免造成大人的“大失血”和小孩的“钱多就作怪”，我立马联手亲友定了压岁钱往来的最高限额，以免众家父母们“为了面子而输了里子”。

有位朋友于是干脆对孩子明讲压岁钱不是长辈送给他的钱，而是大人们相互送礼的一种借口，或帮助对方家孩子付学费的一种方式，爸妈必须要礼尚往来地回送礼金。所以压岁钱不能全部都归孩子，只能让他们“意思、意思”地拿上一点作为他们的零用钱，大部分还是得“缴库”。

另一位在证券公司担任总经理的朋友，则利用压岁钱给孩子上了一堂讲“所有权”、“使用权”和“保管权”的差异的课。

他告诉孩子："钱是你的（所有权），用你的名义存在银行；爸妈知道提款密码，但银行卡由你保管（保管权共有）；爸妈计划把这笔钱存起来将来给你缴学费或给你买计算机、语言学习机，但如果你想买别的什么，可以和我们商量（有条件的使用权）。"

并且利用给孩子零用钱让他们自由支配，来作为让孩子"喜欢"和"学习"数学，及培养其正确花钱与理财的好方法。

用这种"旁门左道"来让孩子学数学的方式，中国妈妈大概都不太会使用；甚至会担心太早让孩子手上有钱使，会让他变得"贪财"和"学坏"吧？

新浪博客上的"益坨妈妈"，就写出了她的担心——

从进学前班的第一天起，儿子就有了掌控金钱的欲望，主要原因是小学里有了幼儿园不会有的校园商店。头两个星期我当然不同意，所有他需要的东西我都在上学前准备好放在书包里了，儿子也没有理由与我争辩。可在昨天，儿子因为参加我一同事的婚礼收到了红包，便拒绝跟我合作。

今天早上，儿子终于如愿带上了一元零花钱去了学校。一整天我都在想，他会拿这一元钱做什么呢？校园商店尽是些劣质商品，我既不希望儿子养成不好的浪费习惯，也不希望因此而损害了他的身体。

他还这么小，还缺乏对事物的判断力，他怎能明白我们的用意？之前，我们也没有对他进行过金钱教育，他一直对金钱是没有概念的，我们是不是要改变教育方法呢？

和“益坨妈妈”一般，我也经历过沉浮于“孩子这么小就这么爱钱”、“给他零用钱会不会养成他乱花钱的毛病”……充满这种担心的育儿阶段。

儿子在入小一后不久，向我提出要求——想和某某同学一样，有自己的零花钱；女儿也跟着要“自己的零花钱”。

当时我以“这事妈妈要想一想”为由作缓兵之计，展开“明查暗访”工作，去打探其他妈妈的做法。

先问附近有同龄孩子的邻居妈妈，以及孩子同学的妈妈。

“又没少他吃缺他穿的，他要什么只要开口都会买给他，干吗还要给他零用钱？”

“这么小就给他钱，不就是鼓励他胡乱花吗？”

……

问了半天，得知只有两位妈妈说她们会给小孩零用钱，给的原因都是因为她们不是常出差不在家，就是常需要加班。

“让他身上有些钱，饿了可以买些东西吃；或学校要交什么费用时，可以立刻交上。”

再问学校老师。

“不要给小朋友什么钱啦，万一弄掉了很麻烦的。”

最后去问熟识的教育专家朋友。

“上了小学一年级后，就该给孩子零用钱。至于到底该给多少，要看自己的经济能力，和孩子年龄的大小。”

但到底该给多少？我琢磨着——

就以一天的零用钱能买一份零嘴做基数吧！但还是得听听孩子的意见。

每次要买零嘴和自己想要的玩具，都得仰看爸妈“脸色”的儿子，一听居然可以像个“大款”一般，在商店里“自己拿钱买东西”，乐得一口答应；女儿却因为被我以“年纪太小，等到你和哥哥一样大时再给”为由拒绝，而大叫大闹：“不公平！”

“没有不公平，哥哥像你这么大时也没有拿。”

不过却答应了她，每星期可以有一次在爸妈陪同下，自己去商店挑选一样零食，然后由她来付钱的要求。

解决了零用钱该给多少的问题后，接下来就来讨论该怎么给了。

儿子对这没意见，那就依着专家们说的，一个星期发一次。

结果第一个星期，儿子成了个“天光族”，一星期的零用钱一天就被他花光光。

第二个星期略好些，两天花光……

一个月后，开始学会“计划花钱”——

今日钱今日花毕。

三个月后，进入“储蓄花钱”——

存下数日甚至一星期的钱，去买个“贵死了，但实在很想要”的东西。

半年后，在买东西时，会去注意“容量”与“价钱”的差别，会提醒妹妹：“同样的钱，这家的更大包，那小包的只是包装好看。”

等到零花钱“升级”为“月给制”时，儿子在买一样物品时，会“货比三家”，甚至碰到兄妹两人都想要买的东西时，还会去找“股东”——妹妹，来“合资”购买……

女儿到了可以拿零用钱时，花钱的“进展史”几乎跟哥哥一模一样——

没有大人指导，全是靠“经验摸索”，在经历了“乱花期”后，再慢慢学会“计划性地消费”。

当然在此期间，我也曾在看到儿女像“败家子”般，挥霍我的“血汗钱”时忍不住心痛抱怨：“爸爸妈妈赚钱很辛苦耶，你这样乱花！”

并曾想用收回或克扣他们的零用钱来作为管制，幸而有“不孝女”向我呛声：

“你钱给了我，就是我的钱，我想花想存都是我的权利。”

后来观察其他人家的孩子，发现大多数孩子刚开始有零用钱时，也都会经历暴发户型的“乱花期”，然后才会在“自尝苦果”中学习到理性消费，并承担非理性消费所带来的后果。这应该也算是给孩子上了一堂，将书本上的加减算数，实际运用到生活中的“数学”课，达到“用钱经验”的教育目的吧？

另外发现由于一些父母给付零用钱的时间和数额不够稳定，或父母会以孩子表现不好为理由，没收孩子的零花钱，这样一来孩子特别会乱花钱，因为他们会认为花完了可以再向父母要，如果钱没花掉父母就会不给，甚至会被没收掉，于是一拿到钱就赶紧把它花光光。

所以不要以为只要不给零用钱，就不会养成孩子“乱花钱”的毛病，其实这只是掩耳盗铃和把问题后延的做法。

因为钱和权利一样，在没有经验的人的手里，很容易会让人“使坏、作怪”，因此从未由乱花钱中得到经验，去慢慢学习“计划性地消费”的孩子一旦有钱在手，往往会爆发出更大的问题。

郜妈老实招

一开始给孩子的零用钱宁少而不可多；发放的方式也可从每天发放开始，然后再予以观察作调整。随着孩子的年龄和对钱的管理能力增加，零花钱也相应地提高。

到了孩子已经熟练地学会金钱的运用后（约入中学），就可以将车费、午餐费、文具费、娱乐费等，都并入零用钱里让他去支配。

若孩子提出为何自己的零用钱比同学或朋友的少时，做父母的可以诚恳地对他说：“我也很想给你和某某一样多的零花钱，但是我们家这方面的预算有限。”这比说“我不觉得你需要那么多零花钱”更具有说服力。

8 让孩子先学会花钱

郜妈爱说笑

小杨 :“哥们，给根烟呗！”

小许 :“我已经戒烟了！”

小杨 :“哦，为什么？”

小许 :“因为想帮你戒烟。”

郜妈侃一侃

某位朋友在谈到一家企业时，不打顿号地用了一连串的“非常”来形容这家企业主的小气！

许多在一些国内知名企业工作的朋友，也常以“小气”来形容自己公司的老板。

然而，令人觉得纳闷的是，国外一些知名的企业家，他们也从不讳言，为了降低成本，对于开支都是“一块钱当作两块钱来使用”地精打细算，可是却很少被员工或外人批评为“小气”。

一位对国内外企业知之甚深的朋友说：

“差别在于赚钱和花钱的观念。”

中国有句老话——钱要花在刀刃上。

对这话国内大部分企业主的解释是：“花每分钱，都要把它想象成似刀割肉一样”，着眼在如何抠一分是一分、拣现成人力资源、贪求“打、带、跑”的近利、心存“最好只有自己能发财”、钱进了口袋后最好就不要再掏出来……

但国外企业主则往往不将着眼点放在那“刀割肉”的疼上，而是去思考“这刀值不值得挨”，肯将眼光放到较长远的培养人才、从事产品的开发研究上，相信若让社会整体素质提升，让大家一起富起来，就自能使企业“花一分赚两分”地挣得大富……

这不同理念下所呈现出来的钱财观，带给旁人的观感自然就大不同。

在中国传统“节俭致富”观念教育下长大的我，“如何花钱”这堂课，儿子是给我上课的老师。

跟许多父母一样，当孩子开口说要购买某种被我认为是“非必需品”的东西时，我的反应多半是“不可以”、“太贵”，也将穿用名牌衣饰视为“浪费”，并曾为儿子想用自己获得的奖学金买名牌球鞋而与其发生过争吵。

我认为儿子“一定要买”这名牌球鞋的理由，一定是出于同侪“都有”的压力，于是一心想要以“勤俭为美”来替儿子“洗脑”。

跟母亲“斗争”了十多年的儿子，清楚若跟母亲来硬的对着干，绝对是“吃不了兜着走”，于是便将那笔奖学金，替我买了一双名牌跑鞋，并且“算账”给我听——

“名牌球鞋与杂牌球鞋最大的差别，在于鞋底用料的好坏。鞋底不好的鞋‘避震’效果差，每一步踏下去，都会给脑部和脊椎带来震动，久而久之会造成伤害。”

“一双名牌鞋的价钱相当于三双普通鞋。但如果保养得当，一双名牌鞋的寿命可抵三双普通鞋。”

这是儿子为了驳倒我的“名牌浪费论”所做的研究报告，并为达到说服的目的，“割肉”送鞋来让我“体验名牌的滋味”。

这双名牌跑鞋，促成了我们彼此沟通“用钱观”的机会，开启了我“省小钱，未必能存大钱”的新理财观，让我学习到在花每分钱时，不再小鼻子小眼地“聚焦”在“如何省钱”，避开落入“省小钱花大钱”、“假节俭真小气”的误区，同时也给我上了堂“流行趋势”课。

郜妈老实招

把习惯以“买不起”来作为拒绝孩子要求的语言，改为跟孩子去讨论“怎样才买得起”，并让孩子建立一个“收支流水账本”，让孩子养成将每笔所得与支出都记录下来的习惯，然后每个月去做一个查看检讨。

听一听他们花这笔钱买这些东西的目的，同时交换一下彼此购买东西的经验与技巧——如怎么杀价、检查物品是否有瑕疵、如何辨明伪劣商品、搜集想要购买物品的信息以及“购物前等一等”——把“就是想买”的物品延迟购买时间，以避免盲目消费。

第四章
和“第三者”一起教管好孩子

在向丈夫提出，希望每年能有两个月的时间，离开家去做旅行采访写作时，丈夫反问我一句：“那孩子怎么办？”没料到，我这老婆居然是个有能耐的人，三两天就解决好了孩子的托管事宜；而且最让他“佩服”的是，老婆看似“无为”却“有治”地将自己的工作、孩子的教养都能做得“像个样”。

1 家长会上的灰姑娘

郜妈爱说笑

宪宪对妈妈说：

“明天老师要你参加的家长会很特别哟，只有你和老师两个人。”

郜妈侃一侃

曾跟一位一向说话很“实在”的朋友打探某位男士老婆的长相。

他用简明扼要的言语回答我的提问：

“就是那种你到家长会里放眼一望，看起来跟其他人长得差不多的那种人。”

在听了这位朋友“妈妈一样论”的高见后，我参加家长会时，就特别留了个心眼去观察，发现他说得真没错——

家长会里的妈妈真的一眼看过去，长得都差不多。

但奇怪的是，这些看起来都差不多的妈妈们，一提起孩子的成绩表现时，就变得大不同了，她们的头上会升起一个光环——

因为她们有个成绩优秀的孩子。

我也在家长会里当过那种“头上升起一个光环”的妈妈——

是在参加女儿的家长会时，还有——嗯——儿子读小学时……

但自从儿子进入青春期后，对玩耍的热忱，远远超过对于学业的热忱时，我在家长会里的“形象”，就像那十二点钟声一响就变成灰姑娘般，乍然沦为一个黯淡无光的家长。

平日我还可以装装鸵鸟，用一些“在校成绩的好坏，并不代表他未来的成败”等说法，来调节在看到他那“名次倒着数比较快”的成绩单时，可能会心脏病发作或脑血管破裂的震怒心情。

但在家长会上，却总会有让你不得不把那傻头，从沙土里拔出来的时候，让人正视到——

成绩还是很重要的，至少跟父母的面子有关！

就拿参加儿子高一那年的家长会来说，老师才自我介绍完毕，就有位妈妈举手：

“我女儿每天都读书到半夜两三点钟，为什么成绩还是很不理想呢？是不是读书方法有问题？”

我赶紧从一走进班级老师就发给我们的段考成绩单上，去搜寻这位定是那“头悬梁锥刺股”勤学苦读古人转世的女生的成绩——

“天啊，有一半学科成绩都是 9 开头，平均分数高达 88 点几分，名列班上第四！”

“当”！一个光耀夺目的光环，从这母亲的头上高高升起，让她变得与众不同起来。

另一个妈妈也赶紧举手发言：

“是不是有什么方法，能让我儿子的成绩好一点？”

我的视线快速寻到这位家长孩子的成绩——

乖乖隆的咚，一顶“金钻级”的光圈，又“当”的一声，戴上这位妈妈的头顶。

因为他儿子每科成绩都是 9 开头，排名是班上第一，全校同级生的第二！

接下来，家长会就成了“比武招亲”大会场，其他尖子生的家长也纷纷“以退为进”地争“晒”自己孩子的成绩……

他们的头上，便也“当”、“当”、“当”……地都升起了或大或小的光环。

我游目四顾那些“父母以子贵”的家长，不觉自惭形秽地缩起手脚、低垂着脸，觉得从内心到外在全都被蒙上了一层厚厚的灰，心里气不打一处来——

既火这些“爱现”的家长们，更生气那让我被“比下去、失面子”的儿子。在心情坏坏的情况下，全然忘了当初来参加家长会的目的。

在拖着沉重一层灰的身心回到家后，立刻就四处找寻那“让我丢脸”的儿子，却不见踪影，女儿说他跟朋友去打球了。

我恨恨地骂着：“真是不知道死活的孩子！”并作了打算：“看他回来我怎么收拾他！”

直到天黑儿子才归家，我正在厨房忙做晚餐，听到女儿对儿子示警：

“哥，最好把皮给绷紧一点，妈今天参加完你的家长会回来，脸色‘粉’黑哟！”

女儿对儿子的警告，也“当”的一声替我敲了个警钟——

不要让我“肺部”的东西，冲到我的头脑里，跑到我的舌头上。

我必须先弄清楚——

骂儿子最重要的目的，是因为他让我丢脸，还是想让他明白，我对他成绩不好的担忧，希望能和他沟通出解决的办法呢？

我想起儿子在将开家长会的通知交给我时，曾提起有许多同学藏起这个通知书，不想让父母参加。

因为除了几个成绩优秀的孩子外，在许多孩子的心目中，家长会是和“批斗会”、“羞辱会”、“打骂会”画上等号的。

一般开家长会时，老师都会向家长反映孩子在校学习的情况，一旦孩子被老师批评了几句，家长就把自己也给“连坐”进去，认为被老师归为“不合格父母”，在脸上无光的情势下，回家免不了会向孩子撒气。

在父母愤怒的责骂或责打下，孩子也来气了，索性“破罐破摔”，失去“变好”的信心；并且会对“告状”的老师心怀怨恨，开始跟老师唱反调，甚至会以放弃学习来“惩罚”老师的多嘴。

这是我想要得到的结果吗？

我开始学习“神经放粗点”、“脸皮放厚点”地去参加家长会，通过这场聚会中与老师及跟儿女要好同学家长的交流中，更加全方位地了解自己孩子的优缺点。

最棒的还是通过与儿女同学父母们的“交心”，让自己放心——

哈，原来天下的孩子都是一样的，即便是优等生，也有让爸妈“抓狂”的臭毛病啊！

郜妈老实招

通常会参加家长会的家长，都是比较关心孩子教育的父母，因此多熟悉一些如哪个课外辅导班较好、有哪些书对孩子学习有帮助、教育机构近期会举办哪些活动、新的教育主流政策是什么等等实用的讯息，参加一次家长会，等于让父母上了一堂“教育成长课”。

所以参加家长会时，最重要的工作之一就是——

1. 在穿着打扮上要给老师和其他家长留下第一眼的好印象，千万不要蓬头垢面地去参加家长会，但也不需名牌、流行服饰全披挂上身，要拿捏住介于“干练职业妇女”与“贤惠母亲”的得宜打扮。

2. 要参加家长会前，先向孩子打听清楚平日与他交情友好孩子的名字，以及他们的父母是否会参加家长会，然后到家长会时，主动去与这些孩子的父母联谊，感谢和肯定对方孩子对自己孩子的友谊，此举有助于增进孩子朋友及其父母对孩子的友善关系。

3 . 积极去结识一些家长，留下联系方式，在家长会后主动与其作交流，然后与一些教育理念相同的家长，形成一个“家长互联网”，互通孩子在校情形、老师授课进度、学校活动信息等，将有助于掌握更多的讯息。

4. 在家长会里多听少说，要发表意见时也先表扬肯定老师对孩子的辛苦教导，再提出自己的一些疑虑或看法。

5 . 回到家后，还有一定要掐住自己的喉咙，堵住自己的嘴巴，千万不要把家长会里老师对孩子的批评直接倒给孩子，甚至加油添醋地加上自己带情绪的话。

2 和老师结善缘

郜妈爱说笑

师："谁能告诉我，没人肯听他说话，或对他说的话不感兴趣的人，我们称他叫什么？"

大同连忙举手："我知道！我知道！那就是——老师！"

郜妈侃一侃

儿子的小学校长，利用暑假期间去美国参访"取经"归来后，带回来一个教育专家们的施教新观念——

每两年更换一次教师，并将原班级学生打散再重新编班，将有助于孩子有更多机会，接受不同老师的教育方式，获得不同的教育启发，结识更多的朋友，拓展人际交往领域。

儿子当时恰好读小三，因此不仅换了新班、新老师，那新老师还是刚从别校转来的。

新老师虽然在儿子学校是"资浅教师"，但在教育界却非"新手菜鸟”，教龄已经有二十多年，据说是从公立学校退休后，再受聘到私立小学任教。

在十多年前的台湾，公立小学和私立小学的教师，不论在授课方式或与孩子、家长的互动上，都有很大的差异，所以学期开始还不到一个月，我就接到不少妈妈打来反映孩子对老师教育方式不满意的电话。

连不太会说人坏话的儿子，也加入了“反对老师联盟”。

先是“每天报告”（每天都给你“报告”大小事的“部妈式用语”）地说老师又干了什么讨人厌的事，最后甚至说出“我讨厌死这个老师啦，帮我转班”这样惊人的话来。

我被儿子如此强烈的反应给吓了一跳，但不动声色地任他又一连串地数说老师几大“罪状”后，才反问他一句：

“这么多缺点的老师，学校怎么会找他来呢？他总应该有一些优点吧？”

儿子十分勉强地说：“字写得还不错啦！”

次日，我特别请了半天假去学校拜访这个招人讨厌的老师。

初次见面，我也忍不住打心底里讨厌起他来——

因为他有一张在公立学校待久了，自然养成的“随时准备鸡蛋里挑骨头”的神色严厉的脸。还有在一听到我报上身份后，脸就立刻变成一大朵的乌云，并且写上“来找麻烦的是不是”几个大字。

我按捺住想 K 他一顿的情绪，把有着友善笑容的面具戴上，再配上阿谀的声调对他说：

“我儿子说你的字写得很漂亮。”

我看到这句夸赞的话在老师身上所产生的快速反应——

他卸去了防卫的盔甲，客气地向我探询儿子回家后，还有没有反映对他教学上的意见。

我的回应是摇摇头，一句负面的评语都不讲。

老师叹了口气说：

“你是我来这学校任教一个月以来，第一位没批评我而夸赞我的人。”

原来，开学至今，新老师没有一天好日子过，每天不是被比他工龄浅但在校时间长的老师指指点点：

“某老师，在我们学校不可以这样做的。”

就是接到家长打来的批评电话：

“某老师，我家小孩说你教课的方式，跟以前的老师不一样，他都听不懂耶！你能不能改进一下你上课的方法啊？”

连小朋友也会对他呛声：

“我们以前的老师都不会对我们这样说话！”……

“你不知道，担任新班级的老师，光是要记住几十个孩子的名字，并且熟悉他们不同的个性，就是项沉重的负担。而且换了新学校又弄不清楚他们的施教政策，唯恐多做了什么或少做了什么而挨批评。”老师苦着脸说。

原来除非原先任教的老师不理想，家长和学生都不喜欢换新老师，老师也不愿意接新班级啊。

“怪不得脸会拉成大苦瓜呢！”

我心里这么想着，对老师由讨厌转为同情，便向他传授了些“对付”我们这些私校学生和家长的招数。

不愧为“老”师的他，很快就琢磨出一套与学生互动的方法，此后我不仅没再听到儿子抱怨他一句，还开始夸赞起他的“优点”来。

我故意问儿子：“怎么，换老师啦？”

“没有啊，还是 × 老师在做班主任啊！”

“那我怎么没听到你再骂他了呢？”

“是他突然变好啦！”

郜妈老实招

尽量多找机会向老师表达你对他的感谢与敬爱，如每天在家庭联络簿上签名时，多加上句“谢谢老师”、“辛苦啦”、“听孩子（写下自己孩子的名字）说，老师今天脸色不太好耶，请多保重”等等温暖的问候、热情的鼓励、真诚的感谢；或称赞老师某一项新规定，支持他的想法，让老师感觉到他的努力你这个家长看得见。

3 常和老师去“哈拉”

郜妈爱说笑

彬彬眼泪汪汪地对老师抱怨：

“我也不喜欢你所做的事情，但是我会因为这个原因，就一直找你的爸妈吗？”

郜妈侃一侃

我是一个喜欢去找老师哈拉的家长。

我的孩子不是尖子生，也不是那种令老师头痛的问题生；是那种貌既不出众，个性也不特别活泼讨人喜欢，也没有惊人才艺表现和领袖能力的人，有的只是老实本分……

这样“买一个可以再奉送一模一样的一打”的孩子，就像恒河里的一粒沙子，很容易被忽视。

我希望老师能注意到我的孩子，唯一的方法，就是让老师能够认识我这个家长，清楚明白我是一个“愿意全力配合老师，一起来教育好孩子”的母亲。

我用的方法就是找老师去“哈拉”。

通过哈拉的方式，先让老师得知“我是顶（支持）他”的；再让老师了解我孩子的个性，以便因材施教……

一个学期内，我大约会找老师（包括教授不同课程的）“哈拉”上个三四次。

时间的分布点大概在开家长会前，约在学期刚开始的第三个星期。

再来就是学期中，第一次和第二次月考的中间。

第三次大约是在学期要结束前。

偶尔会多的那一次，多半是老师过生日（选在生日前一两天），或有其他个人喜庆（都选在喜庆前后）。

有一次，我跟儿子的老师“哈拉”到一半，老师突然问我：

“家石妈妈，你这样勤快地跟老师保持联系，是不是因为你对家石有很大的期待啊？”

“我不懂老师所说‘期待’的意思。”

“就是希望孩子考上重点学校啊。”

“不，我只希望孩子考上离家近的学校就好。”

“你难道不盼望孩子能考上一线中学吗？”老师显出惊讶的表情。

“当然也曾想过，不过我很清楚，以我孩子不是特别聪明的天资，要考上一线中学，一定得非常用功读书和加强补习。我不希望我的孩子将来在回想到自己的学校生活时，除了读书、补习，没有其他快乐回忆。”

老师对我所说的话，没做任何的言语响应，但眼神中却显出感动的表情。

事隔没多久，儿子从学校带回一个消息——

老师选他参加演讲比赛。

我大吃一惊，连忙打电话给老师，先谢谢他给儿子这个机会，再表达自己的担忧：

“家石胆子很小，让他去参加演讲比赛不合适吧？”

老师问：“你看过家石演戏吗？”

我回答“没有”，老师说：“那我明天让家石带个磁带回来给你听。”

次日，儿子带回了一卷据说是他们班级参加全校戏剧比赛时，老师替他们录制的磁带。

跟儿子同校的女儿指出，磁带里那个说得一口字正腔圆戏词的演员，就是儿子！

我半信半疑地向老师求证，得到肯定的答复后，老师问我：

“你还担心家石没能力参加演讲比赛吗？”

我回答：“还是担心。”

因为参加过演讲比赛的我，深深了解那种参加比赛时，唯恐忘记讲词的压力。

“感谢老师对家石的信心，不过我担心从没单独上台经验的他，万一发生讲了一半忘了讲词的事，会让他从此怕上台讲话。能不能让他先从参加有份稿子拿在手上较安心的朗诵比赛开始？”

老师接受了我的建议，改让儿子参加朗诵比赛。

那次的比赛儿子得了第二名，曾教过他的老师都说：“嘿，没想到家石是匹黑马耶！”

我想，如果没有那次跟老师“哈拉”，让老师了解我这做家长的教育孩子观念的机会，老师大概也不会想到，给看起来“不是最好”的儿子一次做“黑马”的机会吧！

还有一次跟女儿老师“哈拉”的经验也很难忘——

女儿老师也是在跟我哈拉到一半时，说了一句让我满脸问号的话。

“虽然这样做，有点违背做老师的原则，但是我还是忍不住想要拿给你看。”

老师神秘地从他的抽屉里拿出一沓纸交给我。

“这是从你女儿日记本上拷贝下来的。”

那沓纸上以四格漫画的方式，记载着一些发生在我们家和她班级里的事。

“你确定这是我女儿的日记吗？她不会画画的，而且还画得这么好。”我不相信眼睛所看见的。

“没错，是沈妮画的。你不知道吗？沈妮每天来学校的第一件事，就是在黑板上，针对今天的学校日志内容，画上四格漫画。”

看女儿的漫画，成了全班每天最期待的事，班上同学还“规定”女儿——

谁都可以请假，只有她不能！

老师也把看女儿的“漫画日记”，视作“消痰解气”的秘方，并且还把他认为的一些“经典剧作”拷贝下来，以方便随时“服用”。

如果没有跟女儿老师保持随时哈拉的习惯，我大概很难发现女儿有这方面的“天分”吧？！

许多家长都很怕去“麻烦”老师，唯恐打搅到老师的工作或休息。

的确，老师的工作并不轻松，不过，如果家长秉持的是“让老师知道我对他的支持”、“帮助老师缩短摸索了解教导孩子的时间”的态度，而不是“拜托老师多照顾”、“孩子就全权委托你啦”、“请老师让他能乖乖上课、用功读书”……这种“托重任”或“告孩子状”的事，就不会被老师认为被“麻烦到”。

想要让老师多“关照”你的孩子吗？

赶紧找时间去跟孩子的老师“哈拉”上两句吧。

郜妈老实招

找老师时间点选择很重要，如要去学校拜访，一定要先以电话探询老师方便的时间。

打电话的时间，最好避开用餐时间，以晚上八点到九点最合适。

拜访和通电话时间都不要过长，以 10~20 分钟最适宜。

跟老师说话时态度也很重要，多用“请问”，避免以质问口吻问“为什么”。

如果是拜访新老师，可以携带上跟儿女一起制作的“自我介绍卡”。上面贴着孩子与父母的合照或自画像，并以幽默的方式所写的有关孩子的优、缺点，以及家长想对老师表达的话。

4 父母的“第三只眼”

郜妈爱说笑

妈：“安安，我对于你们老师总是在联络簿上留言，叫我们家长多管教你，要你不要老欺负同学的事已经觉得很厌烦了。”

安：“我也跟我们老师说过不要再写了，但没有用啊！”

郜妈侃一侃

整理儿女的“前朝遗物”时，翻出好几本他们读小学时的“家庭联络簿”。

在一页页翻看之际，如同回顾“阿母血泪史”。

你一定觉得我太夸张了吧？

请先看看我随手拈来一天的“家庭联络簿”内容后，再去作评断吧。

1. 圆规、三角板、直尺、卷尺各一个，数学课要用。

2. 图画纸、3B 铅笔、馒头，美术课要用。

3. 厚片吐司面包两片、奶油一小块、腌肉两片、少许沙拉酱、小黄瓜一条、西红柿半个、生菜叶两片、两个蛋，家事课要做法国吐司和生菜沙拉用。

4. 蚯蚓一条，自然课要用。

通常孩子让我签“家庭联络簿”的时间，多半都是晚上九点过后在他们做完功课收拾书包之前。

那时万籁渐寂，住家附近的面包店、文具店都已打烊，幸而有个离家约十分钟“脚程”的卖场还开着，可以买到奶油、腌肉、沙拉酱、小黄瓜、西红柿、蛋、馒头与生菜，但是“厚片”吐司面包，连面包店都很少有现成的，更何况是一般卖场！

不过“上有政策下有对策”，把两片薄吐司中间糊上层沙拉酱，就“粘”成“厚片”的模样啦。至于什么图画纸、3B 铅笔、圆规、三角板、直尺、卷尺等文具，明天送孩子去上学时，到学校旁边的文具店“补货”就成了。

但是“蚯蚓一条”要我半夜三更的，到哪里去找啊？

于是，拿出这种联络簿的孩子，当然会被骂得痛哭流涕——

跟你说了几百遍，老师如果叫你们第二天带东西去学校，一定要一放学回来就跟妈妈说！

自然也会跟班主任“婉转”作反映：

“能不能请老师早两天通知要带去学校的东西呀？”

但班主任也为难：

“我自己担任的课程可以做到，但是上其他课的老师，就很难做这样的要求啦。”

所以，家长（通常都是妈妈）只好过着如此“水深火热”，不断被孩子“家庭联络簿”操练“应变能力”的日子。

而且奇怪的是，这种现象在二十年后今天的台湾，不仅一点都没有改进，还由于强调“教学多样化”而有愈演愈烈之势，因为“联络簿”里规定要带去的东西变得更多样化了。

像我就曾在一个深夜，在小区的花园里看见同住一栋楼的陈妈妈和陈爸爸，一个拿着手电筒，一个撅个大屁股趴在景观水池边上，趋前一问，原来是在帮儿子“准备”次日自然课要带的“蝌蚪”。

幸好我们小区有个水池，里面还真的有些青蛙居民，只是不知道这些青蛙情侣有没有生小孩。

有因孩子临睡前才报告次日要带一只“宠物”去学校的妈妈，气得头发、眉毛都竖起来地对女儿说：“明天你就把弟弟给带去吧！”

当然这只是气话，可是半夜三更的，要妈妈怎样“变”出一只“宠物”给孩子带去学校呢？

“有才”的妈妈第二天就将一个装有一只蚂蚁，并且还放了几颗小砂糖的纸盒交给孩子，孩子只好哭哭啼啼地把那盒子带去学校交差。

遇见有老师规定要带吹泡泡用具去学校的，妈妈就只好把洗衣液装在瓶子里，再找出个吸管给插上。

有段时间台湾学校强调“废物利用”教学，会要求孩子带饮料瓶、罐头铁盒等“废物容器”至学校来做成工艺品，家长们为达要求，只好去买上几铁罐食品、饮料，将里面的盛装物给腾出来，“制造”出一些“废器”，好让孩子次日有“废物”可利用。

有爸爸在半夜帮孩子在计算机上制作学校规定要交的四张影印表格，因为住家附近的超市没有复印机可复印表格。

有妈妈为帮小孩买“美劳老师说必须是一模一样”的纸来做灯笼，而跑遍了“方圆百里”的大小文具店都没寻到，在“死马当成活马医”碰运气的心理下，走进一家花店，天可怜地总算是买到“一模一样”的纸。结果第二天跟老师一沟通，才知道“只要是纸都可以”。

有妈妈为了孩子第二天自然课要用“牙签”去做某样实验，只好在月黑风高的寒夜跑去夜市场买“盐酥鸡”，因为“盐酥鸡”里附有“牙签”给客人戳食。

还有妈妈在深夜拉着已穿睡衣的两个孩子（因为台湾有法律规定，不准将十岁以下孩子单独留在家里），飞车去街上找园艺店，只因在签联络簿时赫然发现“明天带一盆植物”！

这种让妈妈“心里”、孩子眼里飙泪的“戏码”，在台湾是每天都在家有小学生的家庭发生，每一个“有血有泪的故事”，都是千真万确绝无“洒狗血”的夸张。

并且我之所以会多将“妈”冠于“爸”之前，是因为签“家庭联络簿”这码子“小事”，多半都是“只管大事”的爸爸们不想耗费心力去做的。

另外可怕的是，如果交给爸爸签，他往往都只是负责“签名”，根本不去管“家庭联络簿”里的“内容”。

妈妈不想在第二天早上看联络簿时，因为担心孩子会在学校“死得很难看”，而既急又吓得心脏病突发；孩子也在“不想自己找死”的情况下，自然不敢随便把“家庭联络簿”拿给爸爸签名。

所以“家庭联络簿”这东西，一方面是要考验父母临危受命能力，另一方面，也是在检测父母和孩子之间的互动，到底是每天晚上几点钟开始的！

还有“家庭联络簿”除了要看得早外也要看得巧，并要在看完后多嘴再问上一句：

“除了 ××× 外，明天还有没有什么要带的？”

因为，有时候在学校来不及抄写联络簿，孩子会在回家后以口头交代，只是这个“口头交代”，孩子几点钟才会“想起来”，没个准头，所以为人父母的，如果希望能“不被气得血压飙高中风”或“不被急出心脏病”，能半夜不被噩梦给吓醒，多嘴问一句绝对是必要的。

不过最始料未及的“利多”是让一些爸爸妈妈，在帮孩子完成“家庭联络簿”里的美劳作品时，激发了自己这方面的“潜能”呢！！

后来在新浪网上，看到一位上海妈妈将她读幼儿园孩子的联络簿“晒”到博客上，引起众多妈妈（包括我这“老”妈）的一片艳羡声。

因为这“家庭联络簿”，全然迥异于台湾小学生带回来的指派“孝子”父母们忙东做西的“催命符”，而是俨然如“妈妈的第三只眼”，是老师巨细无遗地将孩子在校八个小时的吃喝拉撒睡学“全都报”的一本“安心册”。

不过不论是“催命符”还是“安心册”，如果爸爸妈妈能懂得如何利用联络簿，来作为“亲师”沟通的工具，将会有助于让老师成为和你有着共同“营运”目标——“把孩子给教育好”的“合伙人”呢！

郜妈老实招

如何利用“联络簿”来与老师搞好“合伙关系”，郜妈提几个原则给你作参考——

1. 上天言好事：多写孩子在家表现良好的言行，增加老师对孩子的好印象，且也多半会夸赞他，孩子在得到双方的赞美后，会更加乐意去持续做个“好孩子”。希望老师协助纠正的不良言行时则需避开孩子，用电话或面谈的方式来请求，不要写在联络簿上，以免孩子认为爸妈在向老师“告状”。

2. 口头作说明：父母让孩子念出“联络簿”上所写的，必须做的功课和明日要带的用品，然后讨论怎样分配做功课和复习时间。如果家长还在上班，就用电话遥控。

3. 作为亲师备忘录：孩子若生病需服药，除了当面请老师多加留意提醒，或写个字条让孩子交给老师外，最好在“联络簿”上再写上一遍，并一定不要疏忽向老师致谢。

4. 父母都不可缺席：如果想给老师留下“父母都很关心孩子教育”的好印象，避免父母有一方对孩子的教育“没进入状态”的情形产生，最好是爸爸妈妈两人都要签名，或至少也要是爸爸妈妈轮流签名。

5 孩子最好的玩具就是"孩子"

郜妈爱说笑

开学第一天，祥祥放学回家才踏进家门，妈妈就关心地问道：

"怎么样，交到新朋友了吗？"

"唉，没有新朋友，只有老同学。"

郜妈侃一侃

几个妈妈约好了，带着孩子一起到张妈妈家喝下午茶。

孩子的年龄都差不多，很容易就玩在一起了，妈妈们也欢喜快乐地吃着刘妈妈烘制的小甜饼，啃着沈妈妈卤的鸭翅膀，喝着张妈妈冲泡的咖啡、香茶……

然而如此美好甜蜜的时光就跟蜜月一样，短暂易逝，那几个不久前才"你侬我侬"的小朋友，不知道为了什么突然反目成仇地扭打在一起。

妈妈们慌忙奔去各自拉开叠在一起或大哭或小叫的孩子，每个孩子彼此怒目相视，互说对方是“讨厌鬼”、“再也不要跟你玩了”……

在处理小朋友纠纷上最具“资深”经验的沈妈妈，拉起自己的孩子小石头说：

“好吧，那我们就回家，不要跟这些讨厌鬼一起玩了。”

小石头却大哭大喊道：

“我不要回家，我还要跟他们一起玩。”

其他孩子也赶紧跑过来，紧紧拉起小石头的手齐声说：

“小石头不要回家，我们还要跟他一起玩。”

几个妈妈就啧啧称奇啦：

“咦，你们刚才不是吵来吵去，说对方是‘讨厌鬼’、‘再也不要跟他玩了’，为什么现在又舍不得分开了呢？”

“因为少了小朋友就不好玩了。”

“我们这些妈妈们可以陪你们玩啊，我们会比小朋友对你好，不会跟你吵架和抢玩具……难道不好吗？”

张妈妈家的小丫丫，摇着扎着两根冲天辫的小头颅说：

“好是好，可是跟妈妈们玩和跟小朋友玩不一样啊！”

另外两个傻小子也点头如捣蒜一样应和道：

“跟小朋友玩，好！”

小丫头说得没错，小孩子需要小孩子的朋友，大人是无法取代的！

不过奇怪的是，大部分的妈妈们却好像都不太担心自己小孩没有朋友，只担心孩子会不会交到成绩或品性不好的朋友，自己的孩子会不会被朋友带坏，甚至有些妈妈还会担心，孩子会“有了朋友忘了娘”。

在孩子成长的过程中，多数的妈妈会不停地检查、担心着孩子英文进阶到了几级、钢琴弹到了哪一本、围棋进阶到了哪一段……很少有妈妈会从孩子小时就开始帮助检查他的交友能力，甚至会花费心思让孩子的朋友跟自己结成“铁哥”、“铁姐”。

“孩子的交友能力有那么重要吗？干吗要跟孩子的朋友做朋友？”

妈妈们一定会瞪大了眼睛不以为然地反问。

不过如果跟妈妈们说，根据“教育专家”们的权威说法：“交友能力的重要性比具有聪明才智，对孩子的自信培养与未来的成功帮助更大。”

或是部妈我以过来人经验跟你说：“如果能跟孩子的朋友建立了友谊，无疑是多了另一双眼睛，来帮助妈妈监看孩子在外的言行。”妈妈们可能会半信半疑地愿闻其详了吧？

其实不必听“专家说”，妈妈们可以用心去回想观察，自己家和别人家才上幼儿园或小学、刚开始有自己“社交圈”的小孩，最常用来“评价”自己和旁人的话是什么。

“我已经有三个好朋友了。”

“曾天宇是我们班上有最多好朋友的人。”

让他们最介意与伤心的，经常不是考试分数，而是——

“卉卉她不肯和我做朋友。”

最具威胁性的话是——

“我不跟你做好朋友了。”

这些话虽然会随着年龄的增长，而逐渐在孩子的口中消失，但交朋友这事在他心目中的分量却日渐加重。无论在教室、街头，都可以看到孩子为了赢得同伴的认同、接纳、友爱而作出极大的努力。

一个孩子如果没有交友能力，不仅在班级中会受到同侪排挤、欺凌，进而影响他在团体里的表现；也会因“没朋友”的隔离感，而有无助、无望的不安感，对孩子的情绪、学习与自我肯定方面产生极大的负面影响。

然而由于现今父母担心孩子独自外出的安危，孩子往返朋友家均需家长接送，父母因为忙或限于交通不便，就减少了孩子与朋友交流的机会；加上大多数孩子课余时间均排满了大量要上的才艺课，自然就挪不出可以交朋友的时间。

大陆许多城市的孩子就被父母如此“圈养”在家，越来越多的孩子丧失了交友能力，不是害羞怯生就是霸道欺生。所以现在的孩子交朋友就困难多了。

如何帮助孩子结交朋友，并且能将孩子的朋友拉拢成为父母的朋友，是家长必须多用点心力，却能使往后的教养更省心省力的做法。

郜妈老实招

对于个性比较“闭锁”的孩子，当他进入新学校、新班级时，父母最好先去观察班上哪一个小朋友较热心活泼，然后托老师去扮演积极牵线的角色，使孩子成功地交到第一个朋友；或由父母帮孩子准备一些小礼物，比如小贴纸等，以增进友情的催化。

多安排些课后活动，让孩子有机会学习当小主人、小客人外，也得以更了解他的朋友；还可有计划地替孩子安排寒暑假活动，和同学的父母商量，让两家的孩子一起参加活动，或两家一起出游，替孩子制造交朋友的机会。

6 孩子的朋友，就是爸妈的朋友

郜妈爱说笑

小李出差到一个城市，临时想起要跟一位朋友联络，但又忘记带这位朋友的电话号码。想起父亲也跟他这位朋友相熟，于是便发了个短讯给父亲：

“你有 ××× 的电话吗？”

很快，父亲的回讯就来了，只有简短的一个字：

“有。”

郜妈侃一侃

在上海幼儿园任园长的女友，最近为孩子入了小学后，天天早晨都哭闹着不肯去上学而烦心，因为孩子就读的那所民办小学，在课业上要求特别严格，考试分数低于 90 分就算不及格，必须留校加强辅导，因而让孩子心生畏惧，视上学如进监牢。

建议妈妈：“替孩子转到一般学校去吧！”

“那怎么成！一般学校里有民工孩子，若和他们交上了朋友，会学坏的。”

台湾一位专门带领“妈妈成长团体”的女友，将三个孩子送进台湾一所以严打厉管出名的私立学校读书，原因竟也是：

“担心孩子在一般公立学校结交上不好的朋友。”

我不太明白这两位，在教育这块领域所拥有的专业知识与“智”识,绝对都远超过我这“民妇”女友,对于“好孩子”与“坏朋友”的界定究竟是在哪里？是针对课业还是品德的好坏？

如果是针对课业，民办学校里也一样有考试成绩不够理想的孩子，甚至可能就是自己的孩子，那么，在别的孩子的父母心目中，自己的孩子是否也被列入“坏孩子”之列了呢？

如果是以品德来论，家庭环境好的孩子，他们的教养就一定优良无瑕吗？是否更会因在物质条件优越的情况下，反而培养出更骄纵、自私、EQ（情商）、AQ（接受挫折能力）皆差的“坏孩子”呢？

还有我很想问的是：

“这种‘无菌箱’，你可以把孩子‘关’在里面多久？”

而从这种“无菌”环境中“放”出来的孩子，在完全没有分辨“好坏”的自我能力下，要“染黑”更是容易。

记得我在读大学时，班上有一半的同学来自于台湾的中南部地区，这些自小生长于民风淳朴、外界引诱也较少的地方的同学，在来到了“花花世界”的台北市，加上大学里不再有家长、老师盯管，立刻就昏了头，有不少同学因而放纵堕落；反观在台北这

“有菌”环境中成长的同学,因为有了“抗菌力”,反倒没见“变坏”。

所以做妈妈的，与其小心翼翼地去替孩子“隔绝”坏朋友，不如用心力去教导孩子怎么去分辨“好孩子”与“坏朋友”。

在这方面，我有些心得可供妈妈们作参考。

由于我的儿子个性较“闭锁”，所以在交朋友上，我这做妈妈的在见着心急下，就忍不住想“帮上一把”。

我“帮忙”的方式是利用星期假日在家办 party，让儿子分次邀请六七位小朋友来参加。

这一招很奏效，立刻让儿子成为班上拥有最多“好朋友”的人，因为小朋友们都喜欢“到别人家去玩”，一个能让小朋友去他家玩的朋友，有谁会不想结交?

一些妈妈们知道我居然在放假日还“替别人家带孩子”，纷纷笑骂我是个吃了大亏的“傻帽”,我却觉得自己这招“聪明绝顶”。

因为在家替孩子办 party，只要准备好吃喝与玩乐的场地，孩子就会因有了最爱的玩具——同伴,而不会缠着大人来陪他们玩耍；第二项利多是可以借机认识孩子的朋友,观察他们是否有会“带坏”自己孩子的言语行动；第三项利多是可以借机和孩子的朋友交上朋友，因为他们与自己孩子之间的交流与影响力，会远胜于父母的唠叨；第四项利多是可以认识孩子朋友的父母，了解那些父母们的教养理念，是否有值得自己借鉴之处，并可以交换些有关教育方面的信息；第五项利多是这些爸妈们,因为觉得“欠你一份情”,

往后当你需要帮助时，他们自会义无反顾地伸手“帮上一把”。

在连办了几次 party 后，我发现有几位小朋友成了 party 里的常客，而其中有一位小朋友更是跟儿子超友好，可是这个小朋友有一个很不好的习惯，就是动不动喜欢“问候”别人的妈妈——

听不懂我用词委婉的话吗？那我就讲明白一点好啦，就是喜欢将“你 × 的”、“他 × 的”当逗号和连接词来说啦。

我担心儿子“近墨者黑”，染上动不动问候人家爸妈的习惯，但知道不能跟儿子做硬性要求不许他与这孩子来往，因为如此一来势必会引起他的反弹，于是便转动“老狐狸”的脑子，最后终于想到一个“挑拨法”——

“儿子啊，我发现你跟 ××× 很好耶。”

“是啊，他是我最好的朋友。”

“为什么他会是你最好的朋友呢？”

“因为他对我很好，经常借东西给我玩；有人欺负我时，他也会来帮我。”

“嗯，妈妈也觉得他很大方，对你很好，不过人都会有缺点，你有没有发现他有什么缺点呀？”

“嗯——他的缺点是‘不喜欢吃洋葱，会挑嘴’。”

“对，妈妈也发现他有这个缺点，另外，他还有一个缺点是喜欢说粗话。”

“什么是‘粗话’？”

“就是不文明的话，你有没有发现他很喜欢说‘你 × 的’？”

“不能说‘你 × 的’吗？”

“对，说这话人家会觉得你没礼貌，不是文明人。”

“哦，知道了，我也会跟 ××× 说，让他以后不要再讲这话了。”

这次的“离间行动”，不知应该算成功还是失败，因为儿子并没有因为我的“挑拨”，而与 ××× 不再来往，甚至这个 ××× 至今还是和儿子超“麻吉”的好朋友。

不过这个 ××× 后来改了说粗话的习惯，成为儿子不在身边时，可供“呼来唤去”的“伴”子；我和儿子闹矛盾时，最好的和事佬；安置在儿子身边最佳的“眼线”，让我能通过他了解“不在我面前”的儿子的不同面相。

我有好几位这样的“网民”“埋伏”在儿子和女儿身边，我完全没有刻意去费心安插，只是改变了看待孩子朋友的心态——爱我的孩子，就也要爱他们的朋友。如此不仅不会让孩子被朋友拐跑了，而且还会吸引孩子的朋友，成为我的好朋友。

这些“孩子和我”的好朋友，未必会将我儿女的事，事事向我“禀报”，但我很清楚，这些既是我孩子的朋友，也是我朋友的孩子，会是我们母子共同拥有的“好朋友”。

经常看到电视报道一些青少年犯罪的新闻，那些孩子的父母当被问到为什么他的孩子会犯下错误时，爸妈们异口同声的一句话一定是：

“都是受到坏朋友影响。”

当孩子有功课退步、行为偏差的情形出现时，许多爸爸妈妈第一个浮上心头的也都是：“孩子‘一定’是交了什么坏朋友！”

如果你的孩子真的那么容易受影响，那么孩子和父母在一起的时间超过孩子与朋友在一起的时间，带给孩子的“影响”应该会大过朋友的数倍吧？

郜妈老实招

1. 要对自己的教养有信心。孩子交朋友后，为了不失去友谊，可能会以朋友的需求为重，把父母的话搁在一边，我们不要因此而丧失对孩子的信任，要相信自己教养的孩子在短暂迷失之后，一定会回归正途。

2. 让孩子自己决定交友对象。把和谁交朋友的主权交给孩子自己；父母只是提醒孩子，某位朋友有哪些不好的习性，和他在一起时不要受到影响。具体、明确地传达对孩子行为的感受。

3. 因受朋友影响而有一些负面言行是很正常的事，我们要很“具体”、“明确”地传达我们的想法和感受，才能协助孩子调整自己的看法，激发他们改善的意愿；不要用带情绪的话语去责备和处罚孩子，这只会让孩子作出不理性的回应。

4. 别把孩子赶出家门。孩子交的没有一个是“坏朋友”，他们都是“好孩子”，只不过这些孩子有些表现不符合我们的期待，试着去接纳他的朋友，鼓励孩子将他的朋友带回家来跟父母做朋友。

7 “隔代教养”两岸不大同

郜妈爱说笑

一位打扮得雍容华贵的太太正在挑选水果，她的小狗趁她不注意，用舌头逐个舔着货架上的苹果。

店主很不高兴，但还是礼貌地请这位太太注意她的狗。

这位太太立即严厉地对小狗喊道：“不准再舔！这些苹果都还没洗，脏脏！”

郜妈侃一侃

去年有两部与“隔代教养”有关的影片，在台湾引起众人的关注。

一部是由台湾女导演王小棣执导的《拥抱大白熊》。

这部片子讲述一个小男孩，在父母离异后被送至外婆家托养，和同样缺乏父母关爱就读中学的表姐相依为伴。强烈渴求亲情之爱的男孩，为了唤回爸妈的关爱，结交损友，甚至自导自演绑架案玩失踪……

另一部则是吴念真拍摄的纪录片《阿祖的儿子》。

同样是以“隔代教养”为主题的影片，却引起不同的反响。

小成本拍摄的《拥抱大白熊》，由于导演是以爱与宽容为主述点，所以让观众在看得心酸之余，也提供了一个新的视野来思考“隔代教养”。

《阿祖的儿子》则引来一片批评。因为这部纪录片所采访纪录的对象，都集中在台湾低收入、低学历群的家庭；且是一些背景特殊——如单亲、外籍通婚、未婚生子的个案，却避而不谈一些中上阶层的父母，平日把小孩放在爸妈或保姆家，放假才带小孩回自己家来“玩一玩”；或经济条件较好和“有办法”，可以请来外籍劳工照管小孩，另一种形式的“隔代教养”。

我在养育儿女的过程中，也曾经历过“隔代教养”所带来的一些困扰。

儿子八个月大时，我在“讨厌妻子做家庭主妇”的丈夫的驱赶下，重回电视台工作。在“经济恐慌”心理因素促使下，丈夫让我将儿子交托给“价钱好商量”的婆婆照顾。

却未料避着公公出外兼职存私房钱的婆婆，并不乐意我们一厢情愿的安排，于是便看自己的姊妹、女友们哪个有空，就将孩子塞到哪家去，然后在我们下班来接孩子前，再把孩子接回她家。

八个月大的孩子恰是开始认人的时期，可怜的儿子每天都由不同脸孔的阿姨们照管，据说整天都哭个不停。这个情形直到三个月后某一天，丈夫提早下班去公婆家接孩子，才被我们获知。

那三个月“居无定所”的日子，在儿子心中应该留下了极大的阴影，让原本温和、爱笑的他，变成一个焦虑、爱哭、没有安全感的孩子。

这个在托养上所犯下的错误，我花费了二十余年的时间，努力用各种方法去弥补挽救，但直至今天，虽然儿子给外人的印象是一个阳光少年,但为娘的我,却仍忐忑不安于他还怀有那“病根”。

女儿一岁时，我又在丈夫的驱赶下，再度回到电视台任职，将女儿交托给娘家妈妈来照顾。当时母亲已六十多岁，身子骨虽然尚称硬朗，但一方面实在是“带怕了孩子”，二方面也很想能享受些自由自在走走玩玩的“老福”，所以实在没有替我带孩子的意愿，但却因我的住地距娘家不远，她又曾替我姐姐带过孩子，若不接受帮我照管女儿，怕受到亲友邻居的批评。

而我在将女儿“赖”给母亲后，因为很“放心”，因此隔三差五地让女儿晚上都住在母亲家，以便在下班后可以专心照管已经入幼儿园的儿子。

我娘家父母把我女儿照顾管教得很好,那些发生在旁人家“隔代教养”中，因娇宠过度而造成不好好吃饭、任性、骄横、霸道等的坏毛病，我女儿身上一丁点都见不着。

但这“放心”的假象,却在某一天我送女儿去娘家的半路上，被女儿的一句问话给戳破。

“妈妈，我今天从幼儿园放学后，是回外婆家还是回‘你家’？”女儿抬着小脸问我。

“说什么‘你家’啊，妈妈的家不也就是你的家吗？”

“对喔！”女儿应了这句话后，露出沉思的表情，然后说了句让我至今想起来还觉心痛的话，“妈妈，将来我长大有小孩后，我要买一个大大的房子，让你一起住，这样我的小孩就可以一直住在‘自己’的家了。”

跟一位女友谈及此事时，女友眼眶红了起来，说她能体会女儿话里渴望“情感安定归属”的辛酸心情。

原来自小女友就被她父母送至另一城市的外祖父母家寄养，直至高中父母设法调职到与外祖父母同一城市，她才得以和父母同住。

虽然她在外祖父母家备受宠爱，但却没有办法给她“真正”家的感觉，她仍觉得自己是被父母抛弃不要，“寄人篱下”的孩子。

这在她心里形成了一个很大的感情空洞，使她长期受困于既想拥有被爱的权利又怕被排斥，陷在表里不一矛盾挣扎的情绪中。

有一位也是自小在爷爷奶奶家长大的朋友，他因为另有一个由父母陪伴长大的弟弟，因此兄弟俩经常为争风吃醋而争吵打架。

还有几位也是由长辈或保姆长期照管的朋友，多半个性都十分的敏感、善妒，并伴随有刻意去讨好迎合他人，或是用自暴自弃、放纵本我来获得注意的极端行为。

因为即便照管孩子的人再疼爱孩子，他们的爱，更多是放在满足孩子的生活与安全需要，对于更高一层次的“情感归属”，只有父母才能满足孩子。

郜妈老实招

千万不要为贪图“省钱”，和一时的“省力”、“省心”，而不去考量长辈或保姆是否“有心”和“有能力”去照管好孩子；不要因为“放心”，就偷懒疏忽了对孩子的关爱。

另外在安排孩子托管之前，一定要用孩子能理解的话语，向孩子说明父母这样安排的原因，及父母难舍的心情，以减低孩子“被父母抛弃”之感。

8 都是爷爷奶奶的错

郜妈爱说笑

李妈向朋友诉说她婆婆的错处，在愈说愈气愤下，突然转头问她的小儿子：

“如果妈妈和奶奶吵架，你站在哪一边？”

孩子想了一下，然后坚定地说：“站旁边！”

郜妈侃一侃

上海女友去年如愿生了一个“金猪宝宝”，举家欢腾，庆百日时在和平饭店开席十六桌，因为这个“小猪仔”可是她家和丈夫家第一个“金孙”。

结果这场喜宴却因“抢孙”事件，让两家老人闹得不欢而散。

原来，疼孙心切的“四老”，都抢着要来充当“保姆”，为了“两边都不得罪”，女友最后只好作出辞去工作担任“全职妈妈”的决定。

结果这“全职妈妈”没做上半年，她就大叹：

“在家带孩子，简直比上班还要累上千百倍！”

因为跟公婆同居一处的她，为了避免儿子被二老给“爱杀了”，而经常要跟公婆展开“斗智、斗勇”的护犊工作。

“有那么严重吗？！”

虽然曾耳闻和亲眼目睹过长辈宠溺孙辈的“实况”，自己的孩子也曾在“隔代教养”中发生过一些遗憾事，但事后静心检讨起来，会造成这结果，不能将一切过错都赖到长辈身上，做子女、媳妇的我也有错——

错在太过“挟子自重”，把自己放到“领导”的地位，将帮忙照管孩子的长辈视为“下属、诸侯”，将做对、做好的事视为当然；虽没像一些领导般，总是睁大眼睛去“找茬”，但也极少以真诚的言语行动表达过“感恩”。

其实替子女带孩子，对必须拖着年迈与日益衰老的身躯，来照顾正在成长、发育的孙儿们的长辈来说，不仅在体力和财力上均是极大挑战，现在还得背负着担心“宠坏、没教好”孙辈的精神压力，你以为容易吗？！

这也就是目前在台湾，年岁如我可以当“阿嬷”的女人，情愿出钱替结婚生子的儿女雇保姆，也不愿去做那“猪八戒照镜子”般的带孙子的工作。

所以当一位把“绝不帮儿女带孩子”挂在嘴上的女友，居然让女儿将孩子送到家来，由她和请来的一位保姆一起照管起孩子时，每个人都准备看“母女大战”的好戏，结果外孙女在她家安安宁宁长到了两岁，女儿再度怀孕，生下来的小鼠仔还打算往娘家送。

女友现在摇身一变成了“隔代教养”的支持者，她的理由是——

祖辈因为较年轻父母有较充裕的时间、精力及耐心去陪伴孩子，耐心倾听孩子的叙述；祖辈因为有抚养和教育孩子的经验，对孩子在不同的年龄容易出现什么问题，该怎样处理，知道的要比孩子的父母多得多；祖辈所积累的丰富的社会阅历和人生感悟，也能提供给孩子较愉快、宽松的学习与生活环境和优质的教养。

她也不否认的确对孙辈，会比对自己的孩子宠爱、迁就些，比较容易“没有教养原则”，因此不免会和女儿发生矛盾、冲突。

她女儿大概一方面仗着对方是自己的亲娘，又瞧出来母亲带孙子带出了兴味，不会舍得放手孩子不顾，所以批评起来就没轻没重。

女友一开始自觉是有些理亏，后来实在不堪被女儿视作“村妇”般的斥怪，便也来了气，竟发展成跟女儿对着干起来——

对孩子同一种行为，你赞扬，我便斥责；对孩子的某种要求，你限制，我就偏满足。

面对完全相悖的教育要求，不仅帮忙照顾的保姆无所适从，最可怜的是那小娃被搞得“雾沙沙”，行为规范完全迷失了方向。

有一天，两个大人又在为教育孩子争吵不休，实在看不下去的小保姆说话了：

“不都是为了爱孩子吗？干吗就不能好好地说呢？”

女友一下子被敲醒了——

她和女儿这样对着干，哪是爱孩子啊？

她在冷静下来后，省思到对孙子的教养，应把它看作是和女儿合开“股份有限公司”，女儿才是决定教养方向的“董事长”，身为祖辈的她只不过是“董事之一”，只能做亲子教育的补充，绝不能越俎代庖。

如此既可以通过隔代教育减轻儿女的教育负担，又能为祖辈带来生活乐趣；孩子也能从父母那儿感受到严格和理智，从祖辈处体验到宽厚、慈爱。更可以让孩子在与父母和祖辈的互动过程中，逐步学会用不同的眼光去看待不同的物件，用不同的策略去对待不同的事情，让亲子教育与隔代教育，能形成一种互惠互补的合作关系。

想通了，她和女儿平心静气地讨论出双方必须遵守的一些教养原则。

同时也发挥了她对自己子女的教养权限——

教导女儿在提出任何批评前要先思“妈妈曾做好、做对的大小事”，用“感恩话”做开端、结束，中间再夹“建议、看法”。

最后她意味深长地对女儿说：

“你在做，孩子在看！你对待我的态度，也就是你孩子未来对待你的态度。”

郜妈老实招

不一致的家庭教育，会把孩子培养成欺软怕硬的“两面人”，使他们学会采取不同态度对待父母和爷爷奶奶，对待老师和小伙伴。父母对祖辈的背后议论，更会影响孩子对祖辈的看法，引起孩子对祖辈的不尊重。所以如有不同的看法，不要当着孩子的面表现出来，应该避开孩子交换意见，更不要当着孩子的面阻止其他人管教孩子。要让孩子觉得大人的意见是一致的，没有“空子”可钻、没有“靠山”可找，从而自觉地按照大人的要求去做。

第五章
爱是最好的教育

美国哈佛大学最近最受欢迎、听课人数远远超过长年来稳居“王牌课程”——经济学导论的课程竟然是幸福课。这门课程的主讲者专心研究如何提升“幸福感”，并且将所研究出来的结果简化成10个小贴士。而这10个小贴士中，有一半都是以“爱”为起点。

爱是关切，是陪伴，是与孩子谱写共有的温暖回忆。

这些“爱的回忆”，就是孩子一生最重要的“教育”。

1 别把打骂孩子当作演戏

郜妈爱说笑

小明拿了份考得很差的成绩单回家，父亲看了很生气，狠狠地用棍子抽了他一顿。

打完后，父亲气吁吁地问小明 :“知道我为什么打你吗？”

小明摸着被打得红肿的屁股，一把眼泪一把鼻涕地说 :“哪有这样的爸爸，打了人，却不知道为什么。”

郜妈侃一侃

和几位婆妈们喝咖啡聊是非。

在北京重点中学任教的谢妈妈说起一件发生在她学校的八卦——

在某次考试成绩公布后的次日，一位穿着名牌套装的贵妇突然冲进她上课的教室，站上讲台，从名牌包里掏出张纸，一口气报出了七八个名字，然后声色俱厉地叫这些人：

“给我站出来！”

被点到名的那些学生，莫名其妙地从座位上站起来。

这位贵妇立刻冲到那些学生面前，伸出涂着蔻丹的手指，在这个人额头上戳戳，那个人胸前重重地点一点，大声责骂：

“我女儿说就是你们上课一直说话、用手机传短信，害得她没法专心听讲，让总拿第一的她这回只考了第三名。你们这些坏分子，自己不好好学习就算了，反正学习不好将来去工地给人干活、去做倒卖火车票机票的、去做洗脚妹……”

她骂着骂着，许多难听的话都脱口而出，她女儿则把头一直往下低，最后趴在桌上大哭起来。

最后这位出身某高官家庭，父母皆是高级知识分子的同学转了学，进到另一所以“严教厉管”出名的重点中学读书。

谢妈妈说到这，深深叹了口气才又接着说：

“后来，我听说那女学生在转校后不久，就闹自杀停了学。”

刚从上海回来的陈妈妈，则立刻接起谢妈妈的话茬，说起她在上海地铁里看到一个妈妈在训斥儿子：

“你知不知道我和你爸上班有多辛苦，每天回家还得盯着你学习，你却考这样的烂成绩？真笨得跟头猪一样！”

那原本低着头闷不吭声挨骂的孩子，听了母亲这话突然抬起头来回了一句：

“如果我是猪，也是你这个母猪生的！”

车厢里“看戏”的人全都大笑起来，那孩子赶紧一溜烟地逃到别个车厢去，留下那母亲面红耳赤地愣在那里。

我们听了也大笑起来，只有区妈妈没有笑，还从包里取出手机打给她老公，掩着嘴小声地说：

“我看明天我们不要去学校跟老师说，把坐在小区区旁边那爱说话影响她上课学习的同学调座位的事，算了吧！”

这两件事我在听完笑完之后，又去琢磨了一下这里面的深意——

我们做父母的在施管教之手时，是否也该顾及到孩子的颜面？

在胡适的一篇文章中曾读到，他母亲从不当旁人的面骂他打他，而是在每天临睡前把房门关了，才和他“算总账”，责打他时也不容许他哭出声来，因为他母亲认为：

“我责打你不是要演给旁人看的，而是要你记住不要再犯同样错误。”

记得我在读这篇文章时还是个小姑娘，却因深受感动而立下决心要效法“胡母”，因此在为人母后，我替自己立下“母规”——

绝不当人面前去“演”责打孩子的戏。

但是孩子却未必能“自爱”地不在众人面前犯错，甚至常常会“人来疯”地认准你“不敢”在众人面前“丧失”优雅形象，而惹事犯淘和提些无理的要求。

但碰到孩子在公众场合向父母下“战帖”时，该怎么办呢？

我的朋友刘爸就曾使过这样的一个“绝招”——

某天，他 4 岁的儿子跟他一起上街。

在经过一家冷饮店时，儿子小区区闹着要吃冰棍。

刘爸说：“不行，没营养。”

“我要吃！”

刘爸拉下脸来说：“别在街上胡闹，难看！”

小区区没理会父亲的脸色，因为凭他以前跟妈妈和爷爷奶奶上街的“经验”，他们会因为觉得在热闹的大街上，拖着一个吵死人的小鬼是很丢脸的事，就一定会答应他，所以他就扯开喉咙大声哭闹起来：

“我不管！我要吃，我就是要吃！！”

却没料到这次他可踢到铁板了，刘爸可是真强者，既没有不耐烦，也没动怒，他只是……

“啪！”的一声倒在地上，两眼翻白……

小区区立刻停止哭闹，大声惊叫道：“爸爸！爸爸！……”

路人甲乙丙丁……慢慢聚集起来，看着一个哭得一把眼泪一把鼻涕的小朋友，一直在摇他昏迷不醒的爸爸。

路人好心问：“小弟弟，这是你爸爸吗？他怎么了？要不要叫救护车？”

“呜呜……爸爸，我不闹着要吃冰棍了，你快起来……”

刘爸在听到小区区说出“我不闹着要吃冰棍了”，立刻脱离“昏迷”状态，睁开眼睛说：“很好。”

然后若无其事地站起身，拍拍身上的灰尘，笑着对围观的路人说：“谢谢各位，已经没事了。”

等到满头问号的路人们逐渐散去后，刘爸问小区区：

“被一堆人围观，很丢脸吧？”

小区区两眼泪汪汪地点头说：“嗯……”

“所以，以后不要在街上吵闹。身为一个男生有三优：行为要优雅、谈吐要幽默、内在要优秀。在大马路上丢人现眼，太失败，不够资格当男人。”

后来，小区区不论是跟谁一起出门，都再也不在街上大声哭闹要吃东买西了。

因为他体会到了“丢脸”的滋味。

这种“以其人之道还治其人之身”的“超猛”的教育法，你有胆照样学习吗？

如果无法采用如此“周星驰”式的管教法，还可以参考一下部妈的方法——

女儿还在读幼儿园时，我曾带着她去海南岛旅行，肥肥胖胖又笑口常开的她，很得一些叔叔阿姨们的喜爱，把她宠得无法无天起来。

某天吃饭时，不知道妈妈已经积了一肚子的怒气、只要星星之火即可燎原的女儿，又仗着“有后台可靠”，在饭桌上胡搅蛮缠，我对她瞪起眼睛，压低了声音说：

“你给我下桌，跟我出去！”

女儿一看大势不妙，连忙钻进一个阿姨的怀里，在座的朋友也纷纷劝道：

“哎呀，小孩子嘛，都会犯淘，你不要生气！”

“对不起，我管孩子时请你们不要护着。”

我向在座的人致了个歉，再度对女儿下严厉的命令：

“你给我下桌，跟我出去！”

女儿发现我“不是在演戏”给人看，只好乖乖跟我到房门外。

我蹲下去瞪着她的眼睛，一字一句地对她说：

“给你两个选择，一是乖乖跟我回去老老实实吃完这餐饭，二是你就站在这房门外，等我们吃完饭你才准进来。”

女儿很快作出选择——乖乖回到餐桌，再也不敢犯淘。

郜妈老实招

刮胡子前，为何要涂上一层剃须泡沫？就是为了让人在刮胡子时不觉疼痛。

所以在教训孩子时，如果能顾及到他的“颜面”，不使用充满羞辱的言词来训斥他，并且如果能先夸赞他的优点，再“顺带”说说他须改进的缺点，效果会更好。

2 别把自己的孩子交给别人打

郜妈爱说笑

小杰的父母希望能让他有所改变，把他转进一所天主教学校。

开学第一天放学回来后，小杰异于往常立刻回房乖乖读书。发成绩单时，小杰父母亲惊奇地发现他所有课业成绩都是A，品行也被评为优良。

他们欣喜万分地问小杰："是那些修女的督促，让你成绩变得这么好吗？""是课前的祷告吗？""是老师、同学的关照，还是教科书、课程安排得好呢？"

面对父母的询问，小杰的回答令人惊讶："在我走进学校的第一天，就看见了大门口有一个人被钉在加号上面（是耶稣被钉在十字架上），我知道……这次他们是玩真的了。"

郜妈侃一侃

台湾有个弘化怀幼院，在开办不到三年就成为很红火的学校。

原本这学校是专门收容因父母坐牢或离婚而没人照管的孩子的，后来因为有许多父母将在家中“被宠坏”的孩子，给送到这个学校来“体验生活”后，孩子有了些改变，因此一传十十传百，就成为“管不动”孩子的父母的“救命绳”。

在孩子被送来做“生活体验”之前，弘化怀幼院的院长都会与父母商量，相互约定好一个“管训”时间——

在改变了孩子“被宠坏”的习性后，院里才肯“放人”。

孩子在入住期间，必须遵守院内规定——

不准带私人用品（如手机、电玩、漫画）、不准与父母联络。

每天早上五点起床后就诵经、打坐、打扫庭院住房、上课读书，每餐饭菜要吃干净，自己洗碗洗衣、铺床折被……

住的地方没有空调、电视、床铺（睡地板），在大树下用餐……总之，就跟住在贫民窟没两样。

有一位拥有两个虽成绩优秀但却言行乖张的孩子的家长，曾利用暑假期间让这学校来“代管”孩子。

孩子回家后果真变“乖”了，但成效没维持到一个月，就被依然“不忍心那么狠对待孩子”的父亲给破坏了。做妈妈的决定，今年寒假时，再把孩子送进这学校接受“再教育”。

然而这种“再教育”真的能收效吗？

如果父母不能同时“受教”还自坏规矩的话，可能花再多的钱去请人“严管”孩子，最多也只会培养出一个“上有政策下有对策”的“回锅老油条”吧。

据说，这些年在江苏、江西、湖南、湖北等地纷纷出现专以中小学“差生”为招生对象的民办教育机构。

这些学校强调“训练 × 个月，改变孩子的一生”，专门治“家里小皇帝”，戒尺随时握在老师的手上。

这些学校的收费都不便宜，从近万元到数万元不等，但还是有许多家长趋之若鹜地将孩子送去。

花钱请别人来打自己的孩子？！

这些爸妈是不是疯了？！

孩子受得了这种“冰火两重天”式的管教吗？

果然，有孩子因为不堪教官的残酷体罚，服下了四片高锰酸钾外用药片再跳楼。

电视台邀请了这孩子与他母亲一起来座谈，那躲在幕布后的孩子，无论旁人怎样劝说，都不肯跟母亲见面，并且充满怨恨地对母亲喊：“是你把我宠坏了，却不肯负责再把我教好，一把推给别人去打去骂，我一辈子都不会原谅你这个不负责任的母亲！”

台湾有一位企业家，曾依循古人“易子而教”之说，将自己幼小的孩子交托给一位好友代教养，直至孩子成年后方才让其返回家中执掌家业。

这位孩子果然将企业管理得良好，但个性却冷酷古怪。

中国古代的一些君王，他们也受教于“外人”，即便施教于他们的人，都是经千挑万选而得的良师，却还是出了不少杀父、杀兄、害弟的“不孝子”。

可见“易子而教”虽然有较不易涉入情感，而较能理智客观去施教的优点，但终究不是理想的长久之计。

因为在“教”的过程中，如果欠缺了亲子关系中那份说不清的奇妙之爱去做润滑剂，教养出来的孩子就会成为一个没有情感温度的机器人。

而且孩子终要回到父母身旁，父母若仍不改“坏榜样”，孩子还是会故态复萌地不把父母放在眼里。

没有有问题的孩子，只有有问题的大人。

如果不让家长大人也接受“再管训”，孩子的问题永远都会存在——

因为孩子也会长大，然后变成一个“有问题”的父母。

所谓的“蓬生麻中，不扶且直”，只有父母“做好”，孩子才会有终身学习的好榜样。

郜妈老实招

父母先要学习一停、二收、三等、四慢。

一停：在为孩子做任何事之前，都要先停下来问自己：“是我自己‘看不下去’，要求‘做得安心’，还是孩子真的需要我的帮助？”

二收：在孩子发生问题，父母想插手帮助前，问自己：“这是否干扰我的生活？”“这是否会对其他人造成伤害而危及生命安全？”如否，就收手不管。

三等：不立即提供服务，让孩子尝尝“自作自受”的后果。

四慢：延后孩子的享乐，不要给孩子太过丰厚的物质享受，并且不能有求必应。

3 你不笨，因为你是我的孩子

郜妈爱说笑

小强：“妈妈，老师今天在班上夸我了耶！”

妈：“真的呀，老师怎么夸你的？”

小强：“老师说，你们全都是笨蛋，不过张小强排名第一！”

郜妈侃一侃

高考录取名单公布后不久，网络上开始流传一个考上清华大学的孩子的故事——

这个孩子在读小学时，因为总是在座位上坐不住，学习成绩又屡屡表现太差，而拖低班上总成绩，所以经常受到老师批评。老师认为他在心智与脑智上有缺陷，并要求他妈妈带他去医院做检查治疗。

他的母亲却不论老师对儿子如何的抱怨指责，无论她感到多么的伤心、失望与丢脸，但在见到儿子时她都会微笑地对他说：

“老师表扬你了，说你最近可以在位置上坐得久一点了，也有一科快考及格了。你一点都不笨，只要再用功一点点，妈妈相信你一定可以考及格的！”

他上中学后，功课变得好了一些，科科终于都可以考及格了。

到了要考高中时，老师对他妈妈说：

“以你儿子现在的成绩，要考上重点高中几乎不可能！”

他的母亲听了，却用高兴万分的神情对儿子说：

“班主任对你的学习满意得很，说只要你肯再努力些，重点高中一定上得了！”

后来他考上了重点高中，然后参加了高考，而且是第一批拿到高考录取通知书的，考上的是清华大学的机电系。

孩子拿着那张通知书给妈妈跪下来说：

“妈妈，这张清华大学的录取通知书，是您帮我得来的，因为一路走来，只有您一直用相信和鼓励的态度来对待我。”

后来这个故事已在网络上流传许久，因为每个人都为这母亲对孩子坚持不变的爱感动不已！

恰在此时，又从网络上看到美国一个研究单位提供的报告。该机构对 107 个孩子由四个月到八岁期间进行德智体各方面的长期训练，并进行追踪记录和研究。

结果从这份报告中发现，这些经过特别训练的孩子，在十二岁之前，的确比其他未经训练的孩子有较优秀的表现，但是在过了十五岁后，却与其他孩子没有多大差别。

可是，一些没有经过特别训练，但父母在教养态度上采取较积极乐观导向的孩子，却有越来越出类拔萃的表现。

成功都是一步步慢慢累积而成，而对孩子教养的“态度”，就是引领他步向成功的最主要的教育法则之一。

我读高中时有位林同学是个数学天才，每次当老师刚在黑板上写下一个试题，正要开始讲解它的解法，他已算出了答案，甚至提出另一套比老师更快更好的解题法。

但林同学其他科目的成绩却其烂无比，尤其是背科。

班导师就跟他提建议：

“你数学这么好，可见你脑子一定非常聪明，相信那些背科你只要随便读读，就一定能考及格。”

林同学在听了老师这番“戴了高帽子”的建议后，就真的利用下课那十分钟，试着去“随便”背了背下节课要考的历史，嘿，还真给他考了个七十分。

这可是我亲眼目睹的“教育奇迹”，当然也有耳闻的。

曾看过一个外电报道——

美国有位教授，到一个穷困的村落，对当地孩子作了份评估报告，然后下了个断论——

这些孩子不论是先天的资质，或是后天穷困闭塞的环境，都使得他们永远无法有出人头地的表现。

二十五年后，另一位教授出于好奇，想知道那些被断定为“没出息”的孩子们究竟怎样了，便去作了一个追踪调查。

结果发现那些孩子在长大后，一半以上当了医生、律师和成功的商人。

他追问这些人的成功之因，他们共同的回答都是：“因为我遇到了一位好老师。”

教授找到了他们口中的“好老师”，发现是个没有太高学历、尊贵家世，没有钱去资助孩子升学或创业，容貌也非常平凡的一位老妇人。

他向她请教培养学生的秘诀，老师淡淡地笑了笑说：“我只是爱他们、鼓励他们而已！”

一直很难忘儿子上幼儿园时发生的一件事，那是在学校举办的小小运动会上，一群短手短脚的小娃们在进行赛跑，突然有三个孩子摔倒了。

一个妈妈立刻冲进跑道拉起孩子跑向终点。

另一个孩子妈妈则冲过去对着摔倒在地的孩子大声吼道：

“还不快爬起来继续跑啊！怎么会摔倒了呢？真是笨死了！”

第三个孩子的妈妈恰好站在我身旁，我发现她仅在孩子摔倒时，身子往前倾了倾，然后就没有其他言语或动作，只是用充满了鼓励、关切、信任和期待的目光，静静地注视着她的孩子，看着他自己爬起来，一拐一拐地奔向终点。

旁观者的我，在看到这三个母亲所表现出来的不同言行时，不由得默默地问自己——

我是属于哪一种类型的母亲呢?

这三个母亲又会带给孩子怎样的影响呢?

第一个妈妈可能会教养出一个“凡事都可以靠妈妈”的孩子。

第二个孩子则可能在委屈、不平的心理下，成为一个“不做不错”、胆小懒惰，或“反正会挨骂”的特别逆反的孩子。

第三个在妈妈充满鼓励、信任和期待的目光中长大的孩子，会让他在面对困难时，只要想起妈妈的眼神，就可以为他注入力量继续往前奋进。

你希望成为哪种母亲呢?

郜妈老实招

回想一下，你最常对孩子说的话，是否是 :“吃饱了吗?”“功课做完了吗?”“这次数学（或其他科目）考几分?”、“要多加点油赶上某某啊!”……

最近一次夸赞他的表现，告诉他你多么看重他，是什么时候说的?

每天试着用形容优点的夸奖词，如：善良、肯吃苦、勇敢、有进步、有礼貌、谦虚……能具体呈现孩子优点的话来大声赞美孩子。

4 再忙，也要陪孩子长大

郜妈爱说笑

导游带着一群游客打算从悬崖峭壁的一段小径走过。

导游："请大家多加小心，这一段路是危险地带。如果有哪位旅客不小心失足跌落下去的话，请不要忘记，一定要将你的眼睛睁开，将头往左边转，因为那一派奇异景色，是站在这里的人所看不到的。"

郜妈侃一侃

"妈妈，今晚要不要跟我一起熬夜来欣赏百年难得一见的天文奇观月全蚀？"儿子兴冲冲地问我。

"没兴趣！睡眠对于我这种'资深美女'可是很重要的；而且明天我还有一个演讲、要开一个会、有一篇稿子要赶……哎呀，总之忙得很，不可能有那美国时间和印度精神来熬夜看月全蚀。"

但夜半起床如厕时，经过儿子房间，瞥见儿子倚窗等待月全蚀的孤独身影。我犹豫了一下，最后决定牺牲睡眠，陪儿子一起等看月全蚀。

儿子看见突然出现的我，既惊且喜，连忙让出观景的最好位置，并把握在手中的望远镜递给我。

我透过望远镜观看那已经对望了几十年的月亮，发现它比我印象中任何时候见过的月亮都要皎洁明亮。

我和儿子并肩站立在窗前，轻轻地说笑着，望着月亮一点点地被天狗吞食殆尽，又一点点地恢复先前的莹洁光芒。

我不知道儿子心里的感受，但我的心中却满溢着一份与儿子心灵相悦相契的感动，有一种被快乐与满足紧紧充满而欲飞的幸福感。

自从那晚的相伴赏月后，已长大成人的儿子每晚归家，又恢复了幼儿时期一进门就喊妈妈、找妈妈，向我报告“一天大事”的习惯。

有几次他归家晚了，我都已上床安憩，他还会跑进我房内，试探我“真的”睡着了没。如发现是“轻度昏死”状态，就会挤上床来，絮絮叨叨地说个不停，直到他认为讲够了，才依依不舍地去洗澡上床。

很庆幸，那晚，我战胜了“忙、累”的借口，争取到了一个“陪孩子一起长大”，替亲子之情持续加温的机会。

极喜欢跟一些爸爸妈妈分享上面这个故事,还有其他一些“忙爸爸”和“忙妈妈”的故事——

彤彤爸爸自从“官场得意”后，发现以往一听到他说话的声音，就会对他嗷嗷响应的女儿，最近不仅很少跟他“有说有应”，有一次他要从妻子手中抱过女儿时，女儿甚至还大哭起来，妻子说那是因为他最近太少跟女儿打照面的原因。

明明妈妈是一个蜡烛两头烧的职业妇女兼家庭主妇，她常挂在嘴边的一句话是“忙得都没心情跟孩子好好说句话”。

好不容易有天总算抽出空来又有闲情逸致，想跟孩子好好聊个天，却发现话不投机半句多，不知道该说些什么才好了。

彤彤爸爸和明明妈妈因为“忙”而造成亲子情感疏离的这种情形，在目前家庭中是很平常的事；而“忙”也是许多父母最常拿来“合理化”减少陪伴子女的借口。

但真是忙得一点时间都拨不出来吗？

还是没去用心利用一些零碎时间来编织亲情呢？

一位嫁入豪门的女友，为不想让她的丈夫似她公公一样“当个摇钱树过一生”，于是非常认真地去经营丈夫和孩子之间的亲情。

她和丈夫约定，当“爸爸无法回家用晚餐”时，就改为利用午休时间，或回家和孩子共享午餐，或去学校接孩子外出用餐，或喝个下午茶，或接放学，或送上学，或通过手机给孩子讲个晚安故事……总之，每天一定要拨出一段时间来和孩子相处，去享受那种专心、单纯“陪孩子长大”的幸福感觉。

在报社工作，孩子放学她却在上班的小思妈妈，除非是出差不在家，不然她每天一定清晨即起，为儿女做早饭并亲自送他们上学，利用在车上的时间跟他们谈心，然后再返家补眠。

秋秋爸爸每个星期天晚上都会询问每位家人这星期的活动情形，然后看哪一时段是大家都有空的，就在那一天做个标记，代表那是全家团聚的时段，不容许有任何人缺席。

赵家的晚安故事，是由赵爸爸和赵妈妈轮流上阵，除了讲一般的童话故事外，一些家庭的往事——爸爸妈妈怎么认识的事、爷爷奶奶姥姥姥爷的事、宝宝在妈妈肚里的事、当他还是小奶娃时的事……都是晚安故事的内容。

现在赵家的孩子都已上中学,晚安故事延伸为亲子谈心。“孩子的童年只有一个”，父母能陪伴孩子成长的幸福时光也只有那短短的一段时间，且稍纵即逝，如果以“忙”为托辞，会是为人父母者最大的损失。

因为，孩子是生来陪伴父母成长和认知“幸福”的小天使。

郜妈老实招

既然是“陪孩子”,因此不妨在不违背管教原则下多投其所好，如一起看电视、打电玩、打球、玩积木拼图、集邮、看漫画……或一起养小动物、植物等，如此一来易培养出共同的关注焦点与话题。

也可以结合几个差不多年龄（相差不能超过三岁）朋友的孩子，或孩子同学的家庭，一起聚会出游，以增加变化性与乐趣。

陪孩子时，需谨守“四不”政策——

一、不要热心过度地作书童“陪做功课”。

二、不要心不在焉地陪伴。

三、不要把陪伴变成变相的“监管”。

四、孩子朋友来访时，不要不识相地硬要和他们“打成一片”。

如果家里有超过一个以上的孩子，父母最好让每个孩子都能享有“单独陪伴”的时间。

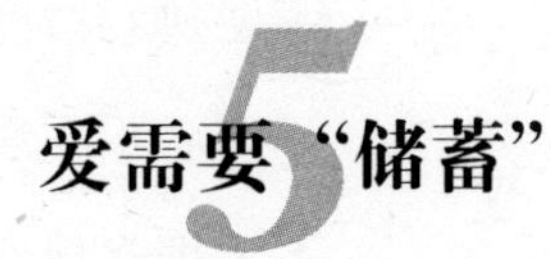

5 爱需要“储蓄”

郜妈爱说笑

安安不想睡觉，便一直闹着要妈妈替他抓痒。

妈妈被闹得烦了，便大声地喝斥他：

“痒，自己抓抓就行了，不要一直鬼叫鬼叫这里痒那里痒的！”

安安安静了一会，又开始叫妈妈。

妈妈不耐烦地吼：“干吗？不是要你自己痒自己抓抓就好，不要一直叫我替你抓痒！”

“我是要跟你说，我现在不痒了。”

妈：“★◆＊！”

郜妈侃一侃

儿子还是小娃娃时，若睡不着觉，也总是会像安安般要我替他“抓抓背”。

胖得像只小猪的他，弓着背弯在我怀里，享受着我用手指轻轻挠着他的脊背，嘴里发出小猪崽吃饱奶似的满足的哼哼声，很快就会进入梦乡。

“抓抓背”也是我们母子亲密谈心的时刻，身心都放松的儿子，会絮絮叨叨地将他一天当中或得意或失意、或开心或不开心的事都和盘托出……

但自从他觉得“长大”了以后，不要说和他并排躺在一起替他抓背了，连不小心碰着他的身体，他都会似遭到电击般地跳开，摆出一副“男女授受不亲”的模样。

在儿子参加高中联考的前一天晚上，夜半，我被他的哭声惊醒——

“我完了啦，我睡不着觉，怎么办？我怎么都睡不着啊！”

他捶着床板，像个无助的娃娃大声哭闹着。

我走进他房间，轻轻问他：

“给你热杯牛奶喝好吗？医生说热牛奶有助眠效果。”

“不要，我已经喝了，还是睡不着！”

“那放音乐给你听好不好？”

“没用啦！”

“那——”我窥伺着他的脸色，小心翼翼地提出，

“我给你抓抓背好吗？”

儿子默默地把背转向我。

我用手指轻轻挠着他的脊背，哼着父亲曾经哄过我和我

孩子的歌：

“摇呀摇，摇呀摇，摇到外婆桥……”

儿子慢慢安静、放松下来……

不一会，我听到他发出轻微的鼾声。

父亲还没有得老年痴呆症前，隔三差五就会到我家来。

每次他来时，总是会找些借口——

到附近理发啦，去教会参加晨更祷告啦，去探望离我家很近的朋友啦……

进入我家后，他就自己找个地方坐着，看着我忙东忙西……直到觉得看够了才离开。

某次，他一进门，看见屋里有个朋友坐着，就立刻说：“你有客人，我就不进来了。”

朋友说：“郜伯伯，我只是顺路来看郜莹，没什么重要事要谈，你请进来一起坐嘛！”

但父亲却坚持告别：“我也只是来看看女儿，看到了，就可以了。”

我送父亲下楼后转回家，看见朋友的眼睛红红的。

“你能有个经常来看你的爸爸，真好！”

朋友的父亲，在他读高中时就已过世。

父亲在罹患老年痴呆症的初期，见到我时，总会絮絮叨叨地说：

“我现在脑子不行，不认得去你家的路，没法再去看你了……”

父亲的记性越来越坏，近一年来，连他的几个儿女、媳妇和孙子都认不得了。

88 岁生日那天，他望着我们几个女儿、媳妇和孙女，显得很开心，笑嘻嘻地对母亲说："今天我们家好热闹，有好多漂亮姑娘来。"

但是这样一个"老糊涂"的爸爸，在看到天黑我单独一人要离开他家时，他会突然"清醒地"说："打电话叫沈亮（我丈夫）或家石（我儿子）来接你吧？"或是撑起已僵硬难行的身子说："要不，我送你。"

前年，父亲因为肾结石开刀，脑筋不清楚的他，因为老是用手拔去插在他身上用来导尿、输液的管子，还伸手去撕粘贴在伤口上的胶带，医护人员便用绷带将他的双手紧紧绑在床栏杆上。

我见着被五花大绑绑在床上不能动弹、显出极度不适的父亲，心里很难过，于是我在担任陪伴时，便偷偷地将那些绷带给解开。

结果当麻醉药效一过，父亲就蛮横地要去拔管子、撕胶带，力气大得我怎么也制止不了。

慌乱间，我抱住父亲，用哄孩子的声音对他说：

"乖，不可以乱抓。"

"痛……"父亲像娃娃般地撅起嘴。

"那我替你揉揉吹吹好不好？"

父亲点点头，我就用手替他在伤口处轻轻揉了揉，又吹了吹，然后说：

“我给你唱歌，你睡觉，睡着了就不痛了。”

父亲点点头，把身子往旁边挪了挪：

“你也睡到床上来。”

我上床抱着爸爸，哼着他曾经哄过我和我孩子的歌：

“摇呀摇，摇呀摇，摇到外婆桥……”

父亲慢慢地睡着了……

跟儿子大吵一架后，已经 26 岁、身高 180 公分的儿子流着眼泪对我说：

“妈妈，你有多久没有抱抱我了？你知道吗？我是多么想念和希望，你能用拥抱和聆听，来让我感觉到你还是爱我的。”

闻言我大愣，因为我无法将已经有女友、朋友也多多的儿子，跟一个渴望妈妈“抱抱”的“娃娃”联系在一起。

一位女友知道了这事后说：“完了完了，你儿子有恋母情结！”

另一位男性友人则说：“很正常嘛，你们女人会渴望有一个男人的坚实的臂膀可倚靠；男人的内心里，其实也思慕着，能有个女人的胸怀可以休憩、拥抱。”

这位男性朋友的话应该有他的道理，君不见，许多男人在“选择”老婆时，经常都是将一个“妈”给娶回家去。

大导演李安，不就是一个最好的例子？

还有我认识的一个，以要如他乳母般，有个“大胸脯”为择偶首要条件的朋友阿蒙。

阿蒙是我在广西旅行时结识的一位旅伴，他的父母都是任职于军政单位的高官。他是家中的长子，底下还有三个弟妹，每一个孩子在长大后，都远远地离开在北京工作居住的父母，跑到其他省份去读书或工作，然后在那里成家立业；即使是逢年过节放大假，他们几个兄弟姊妹也都安排去各地旅行，没有一个肯回去探望父母一眼。

在结伴旅行的途中，我曾提及当初为人母时，我因为心疼儿子吸不出我的奶水哇哇大哭，而牺牲自己的休憩时间，将奶水先行挤出装在奶瓶内再哺育。

儿子自小到大，健康情形都十分良好，我不知道是否跟吃母乳有关，但我自己却因为月子里卧床休息不够，而留下腰酸背痛的毛病。

阿蒙在静静地听完我的“婆婆妈妈经”后，默默地把头转向窗外，过了好一会才转过脸来说：

“我一直对有大乳房的女人很有好感，因为将我奶大的保姆就是个大胸脯的女人。我一直吃她的奶到四岁，每次要睡觉时，我就会把脸靠在她肥硕的乳房上，用嘴吸着她的一个乳头，用手摸着她另一个乳头，倾听着她扑通扑通的心跳声，慢慢地就睡着了……”

他说这些话时，眼睛浮起一层笑影，但那笑影很快就被他接下来的话给抹去了。

“后来，我妈来把我接了回去。在我妈要接我回去的那天，我抱着喂我长大的保姆的腿，大声哭喊不肯离去。我妈妈用手使劲地一根根掰开我的手指头，还要保姆帮忙她拽开我，我仰着脸大哭道：姆妈妈，你怎么不要我啦？我保姆的眼泪，就大颗大颗地往我脸上滴，和我的眼泪混淌在一起……”

阿蒙的眼睛红起来，嗓子似乎被什么东西给哽住了。

“不知道是不是因为我从来没有吃过我妈一天奶，我跟我妈很不亲，甚至有些怕她。每次一见她朝我走过来，我就不由自主地想把自己藏起来，不要让她看见。我妈也很不喜欢我，只要我做了什么不合她心意的事，她就会怒斥道：真是个吃贱奶长大的孩子！因为我的保姆曾做过妓女……”

我听了惊讶得张大了嘴，过了大半天才气愤地大叫道：

“你妈妈真不要脸，她有什么资格这么骂你？她应该感到羞愧才是，她的孩子为什么会喝‘贱奶’长大，因为她‘高贵’的奶，舍不得拿来喂养她亲生的孩子！”

我这才明白，为什么他们家的孩子不愿回家。

因为，没有母亲温暖胸脯可以依靠的家，其实已经不能称作是一个家了。

曾任职台湾最高学府——台湾大学文学院院长的朱炎先生，中年时，才得以与因战乱分离三十多年的老母亲相聚。华发已生，儿女皆已成人的他，在见到八十岁老母的第一句话是：“妈妈，我要吃奶奶！”

当时在场的每一位亲友，看到赖在地上打滚哭闹着要吃奶的这个“老小孩”，都哭了起来……

因为，当自己都已垂垂老矣时，还能有个老母亲，可以去她跟前打滚耍赖，该是件多么令人羡慕的幸福啊！

郜妈老实招

储蓄亲子之爱的方式有——

1. 影音机器随时待命：用录音机、录像机、相机随时替孩子做成长记录。

2. 设立亲子博客：利用网站上的免费博客，来写下亲子“共同成长”记录。

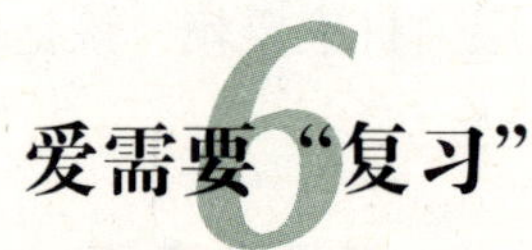

爱需要“复习”

郜妈爱说笑

某村召集妇女开会，3个小时过去了，会议还没有结束。

一位妇人站起来向门口走去。

“你干什么，大牛他妈？会还没结束啊。”

“但我家里有孩子在等着我喂奶呢。”

过了20分钟，又有一位妇女站起来朝门口走去。

“你要去哪啊，小黑他婆娘？你家可没孩子在等着吃奶啊！”

“如果我一直坐在这里开会，我家永远都不会有要吃奶的孩子。”

郜妈侃一侃

收拾屋子时，翻出一卷录有儿子童声稚语的带子。

其中有他响铃般快乐的笑声、耍赖的哭号声、牙牙学语声，以及和其他小朋友一起嘻闹的声音……

聆听这些二十多年前所记录下来的声音，过往的时光仿佛又倒流回来了——

那时初为人母，又没有长辈在旁指导帮忙，唯有靠自己手忙脚乱摸索着去抚养那像小虫子般软软的，不知该怎么抱的儿子。

幸而当时我是全职妈妈，儿子也是个睡觉不会晨昏颠倒、吃奶很乖、健康方面也没大问题的宝宝，否则若夹在工作和育儿的双重压力下，不疯也要丢掉半条命。

但因为没经验，加以当年报章杂志上，有关养育幼儿的信息不多，坊间可供参考的书籍也少见，所以在如“瞎子摸象”、“且战且走”的育儿过程中，不论是儿子或是我，都着实吃了不少苦头。

但奇怪的是，录音带里我哄弄儿子的声音，却充满了温柔与慈爱，让我现今听来都不禁怀疑——

那是我吗？我对孩子曾那么“有耐性”吗？

为了证明“妈妈真的有很温柔的时候”，并替儿女“复习”一下“浩荡慈母恩”，我特别把这卷带子放进播放机里，“强迫”已经长大成人的儿女收听，还不时以“白头宫女话当年”的心态，添油加醋地“补充”一些录音“正史”外的前尘往事；当然，不能少掉最重要的“歌颂母爱”部分。

儿子大概因为是录音带中的“主角”之故，听的时候特别有感觉，不仅搂着我脖子不放，还得意扬扬地对妹妹炫耀：

“怎么样？妈妈把我的声音录下来了！”

女儿立刻不甘示弱地反击：

“又怎样？妈妈为我写过日记！”

女儿所说的“日记”,其实只是一本有关她初生时吃奶、排便、睡眠、生长的记录。

之所以会写下这种类似“婴儿病房护士记录”的日记，全然是因为她生下来时健康情形欠佳，我担心糊里糊涂地把她给养死了，所以……

这“日记”一直写到她半岁，我看她应该可以“活下去”了才停笔。

这本“日记”我曾拿给女儿看，说好给她当嫁妆，因为除了有纪念意义之外，还可以给她作育儿参考。

在“秀”这本“日记”时，我也同时给她做了份她还是“小宝宝”时的“简报”。

当然，“母恩浩荡”是贯穿整个简报的主轴。

一直絮絮叨叨地说到女儿夸张地呈现出要将隔餐饭吐出的模样，我才打住我的“歌功颂德”。

老实说，怎么都没料到，这些当初或纯粹出于好玩，或不得不做的记录,在日后竟能成为“爱的见证”,让儿女和我能通过它，一起“复习”那些以为已成过往云烟的情事，唤醒了他们在成长后就逐渐淡化了的亲子之间的温柔情怀。

郜妈老实招

爱需要储蓄，也需要随时拿出来复习。

可以常和孩子说他“小时候”的故事、祖辈父母和父母们的家族故事；一起来整理照片、回忆往事、写故事……都是“复习”爱的一种方式。

传家宝

郜妈爱说笑

母亲打开一箱旧衣服，叫12岁的大女儿来看，说：“这些都是妈最喜爱的衣服，留下来给你，等你长大了可以拿去穿！”

女儿意兴阑珊地望了一眼后说：“妈咪！把这衣服当做传家宝吧，等我有女儿后，再把这堆衣服传给她！”

郜妈侃一侃

究竟什么才是传家宝？

什么才能被子子孙孙视作珍宝，代代传承下去？

当我在电视节目中，看到一个个来宾将家中的“传家宝”拿给古董专家们作鉴定评价时，我的心里不禁泛起如此的疑问。

一位“家大业大”的朋友，曾跟我们这些“平民百姓”说：“如果人可以选择出生的家庭，我希望能跟你们交换。”

我们都不明白“含着金汤匙出生”的他，愿舍弃“一辈子都花不完”的家当，而宁愿降生在平凡人家的心愿，他究竟贪图的是啥？

“只是想能和你们一般，可以‘收藏’到一些，如父亲在晚餐桌上听我们孩子讲话吵闹、跟我一起看图画书、陪我打球游泳、替我系上松掉的鞋带、熬夜帮我赶劳作……供我在想起父亲时，除了钱，还有让我感觉到温暖想念的东西。”

这位朋友后来自己做了父亲，但他似乎“忘了”——

他曾说过的对他父亲的期待。

在写作这本书时，我经常写着写着，就走进了“时光隧道”，忽而为人母亲忽而为人女儿的，将许多以往从未将其联系在一起的往事和观念，以“抽绳头”的方式，找到了那原点。

我看到了父母对我的教养，是如何悄悄地“遗传”到我的教养观念上，又深植入儿女的思维里。

曾看过一本心灵治疗的书，书上提及——

人一生有两个家庭：一个是自己出生、成长的家庭；

另一个是进入婚姻生活后所建立的家，也就是自己“当家”的家。

“原生家庭”就是指个人从小成长的家。

而“原生家庭”里父母对孩子的教养，往往会延续到日后所经营的新家庭、塑造出的下一代。

这在心理学上，被称作“强迫性重复”。

比如小时候曾被父亲轻忽、虐待，对下一代可能会产生两种极端的倾向：

一种是重复模式，不自觉地成为打孩子的人；

另一种则可能是过度溺爱或完全不管教孩子。

除非他有很警醒的自觉心和坚持要改变的决心和努力。

读这本书，让我得知“原生家庭”这个名词和学术上的解释，但真正体悟到“原生家庭”的影响，是在写作此书时。

我对上天充满了感谢，它是何其地厚待我，让我能在一个以“爱”作为“传家宝”的原生家庭中快乐自由地成长。

并自然而然地将这个“传家宝”——爱，传承到我对孩子的教养上。

谢谢爸爸每当庭院里的指甲花开时，用它们来为我们孩子染指甲；

谢谢爸爸每个月最后的一个礼拜六晚上，为我们孩子掏耳朵；

谢谢妈妈，每天早上带我们去河边散步，听我们孩子背诵课文；

谢谢妈妈，坚持了近六十年还在继续坚持的，每年春节一定要做年糕，端午一定要包粽子的家庭仪式……

谢谢爸爸和妈妈，让我相信——

前面有只手，永远引领着我能不偏左不偏右地向前行。

谢谢爸爸和妈妈——

让我无论身处任何困境，都能心生勇敢、由软弱变坚强、从彷徨中寻得坚定力量……

谢谢爸爸和妈妈，让我由“爱”中——生爱！

郜妈老实招

建立一些家庭仪式或传统：睡前的一个晚安吻、出门前的一个拥抱、周末的一次家族聚会、每周给居住在远方的长辈打电话、每个星期天爸爸（或妈妈）做“不一样”的餐点、每年去次高级餐厅用餐、每个家人都爱唱会唱的一首童谣或歌曲、“说再见”的特殊方式、生日庆祝、每年除夕一起整理一年来的照片……

一些能够将“爱的痕迹”一代代传承下去，让家人感受到彼此的相爱，将全家人能够粘合在一起，让孩子生活得更开心与安心的事，都可以放进你的家庭生活里，作为“咱家”的家庭仪式与传统。

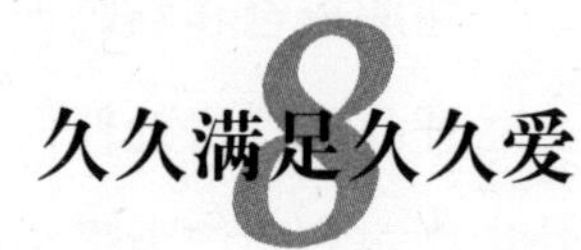

久久满足久久爱

郜妈爱说笑

学校刚公布段考成绩，妈妈就问小荣：

“听说隔壁家的小孩数学考了99分，你考几分？”

小荣一脸得意地说：“嘿！我比她多一点！”

妈妈很高兴：“那你考了100分咯？”

小荣：“错！是9.9分”

郜妈侃一侃

整理书架时，翻到一本儿女小时候常读给他们听的童话书《99个金币》——

有位国王，天下尽在手中，照理，应该满足了吧？但事实并非如此。

国王自己也纳闷，为什么心里总是觉得有所欠缺？

一天，国王经过御膳房时，无意间听到有人在快乐地哼着小曲。

他循着歌声找去，看到一个脸上洋溢着快乐满足神情的厨子正在唱歌。

国王就问厨子为何如此快乐。

厨子回答："陛下，我之所以如此快乐，是因为我的家人都满足快乐。我虽然只是个厨子，但我一直尽我所能让我的妻小快乐，我们所需不多，只要有间草屋可住，肚里不缺暖食，便够了。我的妻子和孩子是我的精神支柱，而我带回家的哪怕只是一件小东西，都能让他们感觉满足快乐。"

国王将厨子的话告诉宰相，并感慨地说："我虽然贵为国王，却还不及一个厨子满足快乐。"。

宰相笑了笑说："陛下，那是因为这个厨子还没有成为'九九一族'的缘故。"

国王诧异地问道："什么是'九九一族'？"

宰相又神秘一笑："陛下如果想确切知道什么是'九九一族'，请您先做这样一件事情，就是把一个装了 99 枚金币的包裹，派人偷偷放在那个厨子的家门口，您很快就会明白什么是'九九一族'了。"

国王便按照宰相所言，令人将装了 99 枚金币的布包，放到那个快乐的厨子家门口。

厨子回家时发现了门前的布包，好奇地将它拿进屋里，打开包看到里面的金币，先是惊诧，然后狂喜地将包里的金币全部倒在桌上，开始清点起来。

他数了又数，奇怪为什么只有 99 枚。

他开始去疑惑地猜想：

“没理由只有 99 枚啊？没有人会只装 99 枚金币在布包里啊？不足的那一枚金币哪里去了？”

厨子开始费心去寻找那枚金币——

他找遍了整个房间，又找遍了整个院子，直找到筋疲力尽都没寻找到，他心中充满了绝望和沮丧。

他决定从明天起，加倍努力工作，好早日挣回一枚金币，以使他的财富能达到百枚金币。

但是由于晚上找金币找得太辛苦，所以第二天早上他起来得有点晚，他生气地对妻子和孩子大吼大叫，责怪他们没有及时叫醒他，影响了他早日挣到一枚金币这一目标的实现。

当他匆匆赶到御膳房时，不再像往日那般的兴高采烈了，既不哼小曲也不吹口哨了，只是埋头拼命地干活，一点也没有注意到国王正悄悄地观察着他。

看到厨子心绪变化如此巨大，国王大为不解。

“得到那么多的金币，他为什么反倒变得不快乐了呢？”国王问宰相。

宰相答道：“陛下，因为这个厨子现在已经正式加入了‘九九一族’。”

我放下书，心中充满了感慨。

记得在跟孩子读这本书时，我就像那个还没有得到 99 枚金币前的厨子，对能拥有一双健康的儿女，充满了幸福满足感。

然而在儿女逐渐成长，带给我的欢喜和荣耀越来越多时，我却成了那“九九一族”，不断要求自己和孩子，苦苦朝着那“满分”目标奔。

为了补足那“如果能再多一点就更好”的缺憾，达到那“100”，那么多原本值得高兴和满足的事情，都被那“九九”的遗憾、不满给破坏了。

如果人生可以重新来过，希望自己能以另一种“九九”——久久满足久久爱的思维模式，来重新陪伴孩子再成长一遍，不慌不惧自己和孩子的“不满分”。

郜妈老实招

试着将传统“减分法”的思考模式改为“加分法”。

后 记

在“安全”教养法上转个弯

年轻时曾有人问我：“如果人生可以重来，你希望能重新经历哪一个时段？”

我不假思索地回答：“我希望能重新再过一次大学生活。”

因为在入大学前，我就极其清楚自己未来的定位，知道可以从学校教育中学习到什么；清楚如何利用课余时间争取去一些单位实习，培养实干能力，以便毕业后能是“工作等着我去选择”，而非“如无头苍蝇般地到处去‘求’工作”；也不曾放弃参与校园活动……

因此，我的大学生活过得十分幸福无憾——学习到了也同时玩乐到了。

我一直认为这是上天厚待于我赐予我的“本事”。直到我自己做了母亲，方才彻然领悟到，我之所以能有今天一点“不一样”的成就，不被视为“平庸之材”，完全是靠着我的父母许多看是“无为”却是“有治”的教育。

父母对我的教育，也影响到我在教育自己孩子时的观念——

藏起自己对孩子的期待，不用“模具”去打造合乎“社会标准”样式的“哈佛、清华、北大生”，而是用爱心、细心、耐心、宽心与信心，去相信“上帝给笨鸟也准备有一些矮树枝”，天生我才必有用，世上没有无用的“废料”，什么样的东西都能派上或大或小的用场，总能在某些方面显现出其特有的价值。

不畏惧“给了孩子快乐的童年，就会欠他一个‘成功’的成年”。

放宽心去耐心等待孩子能像一棵生长在深山野地的花或树，自自然然从从容容地长大，或蔚然成荫，或缤纷多姿。

不假爱之名，去替他们施肥催长、修枝剪芽、抵挡风雨，让他们去经历风雨、经历严寒与酷暑……

让自己在“最安全”的传统教育思维上转个弯，去松开“应该”、“不准”、“不许”……捆绑孩子心灵手脚的枷锁，让孩子能按照自己的心志，以他自己的速度，去寻找到自己的人生“坐标”，朝着或许平凡却不平庸的理想人生前行。

附录一：

十二星座小孩教养法

（根据众多星座书整理，仅供参考）

12月22日～1月20日 魔羯座 ♑

成功特质：镇静、意志力强。

性格特色：沉默寡言、守规矩、不好惹事；做事严谨、保守、固执、具责任感；重感情却不擅表达情感，会有让人难以了解、沟通的误解。

学业发展：不是“短线炒作”型，而是稳定发展的“常持股”，只要下定决心，必能有优秀成绩表现。一切与“老”字沾上边的，如历史、考古、传统文学、戏剧等，都会引起兴趣。

教育重点：不论考试成绩如何，都要肯定他所下的工夫；鼓励他发问和学习逆向思考，以增加其变通能力，并带领其尝试新事物。当他在某一科目上表现出特殊兴趣时，要尽量支持，因为通常这就会成为他的职业。

1月21日－2月19日 水平座 ♒

成功特质：革新，是天才比率最高的星座。

性格特色：热爱自由、冷静独立、外表平和但思想逆反、点子多多极具创意。

学业发展：适合从事具有创意的工作，如音乐创作、美术设计、自然研究、服装设计等，科学或艺术这两个极端的领域。

教育重点：由于兴趣广泛、讨厌应试型教育，因此在学业成绩上十二星座小孩教养法完全看不出他们的“优秀”；父母的太过宠爱、关心与重视，都会造成孩子的压力。所以不要对他们太黏、期望太高，以欣赏代替期望，沟通多于苛责。不妨让他们去学一些时尚的玩意，多和一些学有专长的师长们来往，他会用自己的方式来寻找出努力的方向。

2月20日－3月20日 双鱼座

成功特质：善解人意。

性格特色：善察言观色、知进退、唯美浪漫、缺乏决断力、较不实际、具创造力与丰沛的同情心。

学业发展：在写作、绘画、陶艺、手工艺等艺术领域会有好发展。

教育重点：需要大量的鼓励和称赞，来帮助他们面对挫折与恐惧；鼓励他们多参加一些团体活动，培养其独立个性；由于即便不喜欢读书，也会坐在书桌前“装样子”来讨父母欢心，所以当“看似很用功但成绩仍不好”时，父母要主动和孩子沟通，诱导他们把心中的想法说出来。

3月21日－4月20日 牡羊座

成功特质：越战越勇。

性格特色：急躁、喜怒哀乐表现明显、反应快、精力旺盛、好争第一、好斗、对于耗时费力的工作易虎头蛇尾、讲求速成、怕无聊。

学业发展：两种极端，一是在学业上争第一，一是在“玩”上特别认真。适合从事如业务、开发等挑战性高、富变化不死板、有业绩压力的第一线工作。

教育重点：试着找出他们真正的兴趣所在，然后善用他们喜欢“领先”、“挑战”与“压力”的特点，鼓励他们放手去做。

学习才艺最好参加短期班，动态的、耗体力、不需太专心，可随时“现学现卖”地让他表现、让他示范给别人看的活动，会激发他的学习热情。学习目标需经常变换、不能重复同样的内容。

4月21日－5月21日 金牛座 ♉

成功特质：务实。

性格特色：爱钱、小气、保守、倔犟、怕革新改变、反应慢、情绪稳定、毅力坚强、开窍较晚，属于后来居上型、具艺术天分、不爱运动、不能挨饿、对外界缺乏好奇心。

学业发展：具艺术细胞，可提前开始他们的才艺学习，艺术才能偏鉴赏多于创作；对饮食有异常的能耐，可以培养成为一个美食家或烹饪家；爱钱善储蓄的天性会是很好的理财专家。

教育重点：魄力、长远的眼光、不被金钱所缚、培养艺术嗜好，和让其了解改变的好处，是必须培养的重点。犯错误时，不能严厉苛责，要以轻松态度帮助他们重新建立自信心。换学校、老师与搬家时，父母要协助他们去熟悉一切。

5月22日－6月21日 双子座 ♊

成功特质：灵活。

性格特色：聪明、学习力强且快、爱说话、好奇心强、兴趣广泛没定性、不专心、没恒心。

学业发展：领悟力强，在语言和阅读上具潜力，适合于信息、计算机、媒体传播以及领导流行的行业发展。

教育重点：在想法上不要限制他们，但在行为上要求要“言出必行”、不可“三心二意”，培养谦虚服从。对付他们的不专心有两个法宝：一是顺着他们思考方向，他们想到什么，大人就响应什么；二是采取先发制人，用广告插播方式，插进一个设计好的新学习事物。

6月22日－7月23日 巨蟹座 ♋

成功特质：能掌握时机。

性格特色：细心体贴、害羞拘谨、浪漫、没安全感、情绪善变、感情丰富、具音乐、烹饪天分、喜欢被需要的感觉、嘴硬心软。

学业发展：对于房地产的敏感度极高，适合学做生意、从事贸易与开店。医学、护理等能帮助人，或研究型的工作也适合。

教育重点：聪明、反应快、领悟力高的巨蟹，会影响其学习的有“自信心不够”、“情绪不稳定”与容易疲劳，因此做父母的要着重培养自信心、远大的人生观及开朗坦诚的性格；要经常以语言和肢体表达对他的关爱，可以用音乐来安抚其情绪。

7月24日－8月23日 狮子座 ♌

成功特质：自信。

性格特色：热情、慷慨、活力十足、自尊心强、重仪表、领导欲强、具艺术天分。

学业发展：具多方才华，业务、艺术、创作、运动员等，凡是可以让其“出风头”、得到掌声的工作。

教育重点：好好开发了解究竟是哪块料，以夸奖代替责骂，制造机会让他“出风头”培养出自信心，狮子座孩子都会成就非凡。

6月24日－9月23日 处女座 ♍

成功特质：追求完美。

性格特色：挑剔、求完美、心思缜密、言行谨慎、疑心病重、缺乏远见和气魄、有“心灵上的洁癖”、推理分析力强但动作慢、胆小。

学业发展：不擅创作，但对精密的数字、玩具特有概念；喜爱阅读；适合分析、企划、品管、健康咨询等工作。

教育重点：不需给太多“虚”的如“好棒”等的赞美，用较坦白的批评，并同时给予一些较中肯的建议和努力方向；协助他们找出自己的优缺点，一旦发现自己的专长，孩子会全力以赴；教导其学习包容和不要太钻牛角尖。

9月24日－10月23日 天秤座 ♎

成功特质：和谐的人际关系。

性格特色：重视“公平”爱告状、重团队精神、重视仪表、个性随和、优柔寡断、能言擅道、不服输、重视朋友。

学业发展：在艺术、体育与语文方面都具潜力，爱美的天秤从事美容美发、音乐创作、服装设计，以及需用到嘴的律师、公关、老师等工作，和体育选手等必胜任。

教育重点：培养其“懂得拒绝”、“自己做主”，不要依赖取悦他人来得到肯定；学会包容和观察，不要轻举妄动地发出不平之鸣。

10月24日－11月22日 天蝎座

成功特质：直觉

性格特色：做事专注、意志力强、逆反、孤僻、吃软不吃硬、占有欲强、情绪深沉、爱憎分明、独立重隐私、对性特别好奇。

学业发展：常有些怪异兴趣，喜钻研冷门科目，不会投入热门行业，学术研究、创作、汽车修护，与心理医师、军警工作都会表现不错。

教育重点：不宜过分干预其隐私，否则会造成他们不安愤怒；不要泄漏约定的秘密，以免造成他的不信赖。可针对其对神秘事物感兴趣的特性，培养其在理科上的基础。

11月23日－12月21日 射手座

成功特质：乐观。

性格特色：乐观诚实、活力旺盛、反应快但粗心大意、不专心、缺恒心、花钱慷慨、爱冒险、永远长不大。

学业发展：喜欢与外国有关的事物和动手修理东西，是一个最适合做“小留学生”的星座。另外，有创意和人缘好，适合赚女人的钱，和从事旅游、航空业记者、饭店、传教士等行业。

教育重点：具有“地球村”观念，可带领他多旅行、学外语，会培养出到世界各地赚钱的能力。教育过分诚实的射手，学习赞美别人。好动儿的比例很高，父母要表现出对他感兴趣事情的赞美，用活泼有创意的方法去引导他。

附录二：

性格型号测试法

在答案符合你孩子特质的题目上打○，然后将打○的数量加起来计分，得分越高，代表此类型偏好越强。接着将每组得分较高的类型字母拼起来，就是你孩子的性格典型。

第一组　外向型&内向型

外向型（E）

□1. 不怕生，喜欢找人说话。

□2. 碰到困难时，习惯找父母或朋友帮助。

□3. 喜欢参加各种活动，到人多的地方。

□4. 喜欢去同学朋友家，或爱跟父母到处跑，每次都喜欢拖到最后一个离开。

□5. 喜欢打探八卦消息，并且是个八卦传播站。

□6. 爱揽事来做。

□7. 升级或换班、参加任何活动，马上就可以认识许多人。

□8. 十分在意旁人的期待与评价。

□9. 常被人说："请安静一点。"

□10. 想到什么就说什么。

内向型（I）

□1. 遇见问题时，习惯靠自己的想法来解决。

□2. 宁愿独处，或只喜爱和极少数感情亲密的人在一起。

□3. 应邀去同学朋友亲戚家做客，一下就觉得无聊想离开。

□4. 在团体中极安静不多语。

□5. 加入一个新团体，要很久才会结交上一两个好朋友。

□6. 给旁人“活在你自己的世界”的感觉。

□7. 说话做事都极小心谨慎。

□8. 不喜欢时间被安排得满满当当。

□9. 不会三心二意，一次只能专注于一件事上。

□10. 不喜欢和别人合作，乐于一个人完成一项工作。

第二组 感官型&直觉型

感官型（S）

□1. 不满足接收二手信息，倾向自己去收集信息来了解已发生的事。

□2. 相信经由自身观察或实际经历过的事。

□3. 喜欢节庆的感觉，喜欢固守一些传统节庆习惯。

□4. 喜欢按部就班做事，特别相信做法指引、必胜秘诀这类的小册子。

□5. 和较熟悉的人所谈的话题，大多绕着身边所发生的事打转。

□6. 平日不会特别花时间去在如何增进情感上，只有当彼此发生矛盾时，才会想法子去做修补。

□7. 喜欢先掌握事情细节。

□8. 偏向去事先想象已经确定即将来临的一些活动。

□9. 不愿把时间花费在不真实的事物上，如宁可看着照片去画一个真实存在的人，绝对不肯去描绘一个捏造出的人像。

□10. 偏爱阅读传记、百科全书、游戏指南。

直觉型（N）

□1. 对有可能发生的事会有所想象和盼望，并去收集信息。

□2. 相信直觉、第六感，较少分析。

□3. 喜欢跟人谈论未来能够改进或新发明的东西，或新生活的种种可能。

□4. 相信友好关系是必须要尽心尽力去维持的。

□5. 看事情不重细节，较着重大格局。

□6. 喜欢去想象一堆还没确定的活动。

□7. 不十分在意真假，乐于提供新点子。

□8. 喜爱“创作型”的课业。

□9. 不太注意周遭的环境变化，常忘东忘西、心不在焉。

□10. 偏爱读有情节的故事和小说。

第三组　思考型&感性型

思考型（T）

□1. 在众人面前，会直接表达自己的意见，即使别人反对也不在意。

□2. 倾向以逻辑推理和客观分析来下判断。

□3. 较能抓住他人言论不合理处。

□4. 重理性沟通，擅长客观评论。

□5. 很容易就能走出与人发生争吵、关系恶化的阴影，不会让情绪受到影响。

□6. 不同意别人的看法时，通常直言不讳。

□7. 在旁人眼中“头脑清楚、成熟”。

□8. 不会感情用事。

□9. 为达目的，可以不择手段。

□10. 经常将“为什么”挂在嘴边，要求凡事都要有个“理由”。

感性型（F）

□1. 不喜欢说或做出任何可能会伤害彼此感情，或引发冲突的话和事。

□2. 喜欢依据个人的主观来下判断。

□3. 比较能够体察旁人心绪的变化，是个贴心的孩子。

□4. 和人发生不愉快后，情绪会受到很大且很久的影响。

□5. 与人结交，着重“合不合得来”，很敏锐能体察到旁人的需求。

□6. 不同意旁人看法时，不会直接提出反对言论，唯恐造成旁人的不悦。

□7. 在旁人眼中“热情又敏感”。

□8. 与人相处友善诚恳。

□9. 渴望获得旁人赞美。

□10. 即使是非敌对型的辩论，也会认为是“吵架”。

第四组　决断型＆熟思型

决断型（J）

□1. 不轻易接受兴之所至的相约。

□2. 很讨厌旁人“迟到”。

□3. 外出前需清楚了解所去地点、当地的气候、要穿什么、哪些人要去等。

□4. 参加任何活动一定准时。

□5. 喜欢下定决心，并坚持到底。

□6. 喜欢一段时间内只专心做一件事。

□7. 能接受“先苦后乐”的观念,习惯先将功课完成再玩耍。

□8. 有一早起床先看看功课表、记事本，确定今天要上什么课、做什么的习惯。

□9. 不喜欢突如其来的改变，会有不安全感和压力。

□10. 喜欢掌控所发生的状况和局面。

熟思型（P）

□1. 即便没闲也没钱，只要人家邀约就一定会说“好”。

□2. 对旁人的迟到毫不在乎。

□3. 邀请朋友到家玩，也不会刻意去张罗些什么，让一切自然发生。

□4. 对于学校所举办的任何活动，都热衷参与。

□5. 喜欢弹性选择，不急于下结论。

□6. 喜欢多样事情和学习一起进行。

□7. 认为船到桥头自然直。

□8. 轻松看待喧闹、失序，认为开心就好。

□9. 分组活动时，会配合旁人指挥，不喜欢做头。

□10. 会静心听旁人的意见。

16种性格类型组合

ESTJ 大男人型

具独断性、重条理分析、务实，对事情全力以赴，行事流畅有效率。

ESTP 挑战型

有好性情、具包容性、好相处，实际、重细节。

ESFJ 主人型

有主见、善交际、守纪律、识时务，做事认真。

ESFP 表演型

友善好相处、体贴善解人意、重实际。

ENTJ 将军型

直觉强、重分析条理、有自信，常有新想法，也有办法做到。

ENTP 发明家型

热诚而独立，追求有冲劲的激励，具创造力与分析力，能鼓舞旁人。

ENFJ 教育家型

想象力丰富、长于表达、交际协调能力强、守纪律有主见、认真且好奇。

ENFP 记者型

富于想象力、热情且诚恳；个人主义、有冲劲、对人好奇、善鼓舞他人。

ISTJ 国营单位人员型

重细节、条理与分析；喜欢按部就班、值得信赖；稳定、勤勉、保守、坚决。

ISTP 冒险家型

讲求实际、强调精准无误；对资料感兴趣、好奇；深思熟虑、能冷静观察。

ISFj 照顾型

富于同理心、同情心；重事实与细节，关心他人、值得信赖；稳定、勤勉、保守。

ISFP 艺术家型

深思熟虑、富于同理心、务实、有耐心；温和不喜争执、爱独处，是个观察家。

INTJ 专家型

专注、严肃、高度自主，重逻辑推理；独立、求知心强。

INTP 学者型

好奇心旺盛的分析家，深思熟虑；独立、求知心强。

INFJ 作家型

严肃而沉静、固执而强势，有创意、喜关心和帮助人。

INFP 哲学家

想象力丰富、深思熟虑；独立、富于同理心；对抽象事物兴趣大于具体事物。

附录三：

学习类型测试法

观察一下你的孩子是偏“视觉型”、“听觉型”,还是“动觉型”。

视觉型

□ 独自一人时，喜欢涂鸦、写字或发呆。

□ 跟人说话时一定要面对面，并观察对方表情。

□ 喜欢靠自己的阅读来吸收信息，当别人说或念给他听时，也爱看着说话人的脸。

□ 很容易就记住别人的长相，但却常会忘记对方的名字。

□ 看影片或图画表格，会比用“听”的学习得快。

□ 喜欢看电视、电影。

□ 擅长影像回忆，会记得几天前将东西放在哪里的影像。

□ 擅长在行动前订出书面计划，把整个流程做一番推演才执行。

□ 重视衣服颜色和自己的搭配。

□ 擅长用脸色来表达情绪。

□ 要看地图或简图才会认路、指路。

□ 喜欢透过“看”文字或图卡来记单词。

听觉型

□ 一个人时，喜欢喃喃自语或唱歌。

□ 旁人跟他讲话时，他没习惯去“正视”说话者，偏爱用电话和人沟通。

□ 喜欢听音乐、广播。

□ 容易记住别人的名字。

- □ 擅长用声音来表达自己的情绪。
- □ 喜欢听别人讲甚于自行阅读。
- □ 很容易记住别人和自己说过的话。
- □ 注重品牌和时尚。
- □ 喜欢用口头跟人指路。
- □ 擅长在公开场合和人辩论、说故事、讲笑话。
- □ 做事情喜欢找人一起参与讨论和合作。
- □ 喜欢用大声朗诵方式来记东西。

动觉型

- □ 学习时喜欢动手操作。
- □ 喜欢透过和人打球、玩游戏或聚餐来讨论功课。
- □ 喜欢动态的活动如登山、郊游、跳舞。
- □ 替别人指路会说：你跟着我走吧。
- □ 衣服喜欢穿宽松舒服的。
- □ 喜欢按步就班亲自动手操作，不求速成。
- □ 喜欢没事找事干，一刻都安静不下来。
- □ 透过三维空间立体的教具，会得到比较理想的学习效果。
- □ 回忆事情时，能联想到当时的环境、情节与气氛。
- □ 说话速度较缓慢。
- □ 喜欢用握手、拥抱、拍肩等动作与人接触。
- □ 擅长用肢体语言来表达内心想法。

此三种类型并非完全分开，常会交叉地在一个人身上显现，但多数小孩会偏爱其中的一种学习方式。最棒的学习法是多重感官学习，运用大脑的不同区位全体总动员地来学习。也就是一边阅读课文，一边用录音机放出声音，一边再边走边念，或是加入亲子的互动讨论，充分利用眼、耳与身体三合一的学习。